上承战略
下接激励

薪酬管理系统解决方案

潘 平 ◎ 著

Linking Strategy and Incentives: Remuneration Management Holistic Solutions

中国法制出版社
CHINA LEGAL PUBLISHING HOUSE

自序 PREFACE

今年春节，我回到了故乡贵州过年，看到家乡的巨变，感慨万千，遂写下《老潘回乡偶记》，文中充满了对家乡的热爱之情。"放牛娃嘻声笑语，袅袅青烟山间直"的少年童趣、"千愁万绪随波去，青山绿水味长浓"的山涧美景、"红霞浪波千万景，两山相迎万方客"的苗乡好客之情、"双桥拉直二百里"的天堑变通途……这些都表达着我对贵州大山深深的眷恋。这一切的变化源于国家的富强，亦得益于国家对教育的重视，教育让人才发展，让人才济济。

我第一次走出大山，是为求学。上初中和高中时，总听到有人说哪家孩子上大学吃"皇粮"，从此不用"面朝黄土背朝天"，心中甚是期盼自己也能有那么一天。当那一天来临之时，我收拾行囊，踏上了求学之路。我在激励自己，加油努力！大学毕业后，我被分配回到黄果树之畔的国有企业，这对我来说是不小的欣喜：第一次上班、第一次领薪、第一次寄钱回家、第一次获得奖励……这些第一次让我觉得生活是如此阳光灿烂！

再次走出大山，是为追求职业梦想。"儿不嫌母丑"，面对当时企业的机制、外面的风景、薪酬的诱惑，我虽不舍但还是从贵州高原之巅走到胶东之畔，从此开始了我20多年的HR职业生涯之路。

大山的情怀练就了我坚韧不拔的情怀，面对新的职业，我不断求索，总结经验。

20多年对一个人的职业生涯来说是非常重要的岁月。在20多年里，我见证过很多企业的成长与成功，也见证过很多企业的失败。他们的成败无外乎几个字："战略失衡""无才可用""才去企散"，关键在于企业没有把战略、人才、激励有机地结合起来。在多年工作实践中，我潜心思考并提出了"一体两翼两激励"的现代HR经营管理理念。"一体"即战略，"两翼"即人才招聘与人才培训，"两激励"即薪酬激励与绩效激励。"一体两翼"在我的前三本书得到了很好的诠释。第一本书为《上承战略 下接人才——人力资源管理高端视野》，其中诠释了战略与人才双驱动原理以及人才发展的方法论和管理技巧；第二本

《老 HRD 手把手教你做培训》总结了如何用"手把手"思维和行动让企业去做好人才培养；第三本招聘书告诉大家如何去规划人才、精准选才猎才。对一个优秀的企业来说，战略有了，人才有了，想让人才较好地进行创造性工作，创造出优秀绩效，薪酬激励就显得非常重要。

"挣钱、分钱"是当下的流行语，企业发展了、挣钱了，如何与员工共享这一成果，"恰当分钱"就很关键。如何"分钱"是一门大学问，是企业对员工激励的重大课题。针对这一课题，我撰写了《上承战略　下接激励——薪酬管理系统解决方案》一书与大家共勉。

本书以前几本书为基础，是对本人多年心血的再次凝聚，具有独特的方法论和管理技巧。具体体现在以下几个方面。

本书构建了三个层次的知识体系。第一章至第四章是有关如何快速成长为一个薪酬激励主管，第五章至第十一章是有关如何快速成为一个薪酬激励体系管理经理，第十二章至第十七章则是有关如何快速成为一个薪酬总监。此三层次从不同的知识层面和业务范围出发，应对不同层次的学习需求，同时针对不同人才类型制定不同的人才战略，设计不同的职业发展通道。

本书目录独具匠心，让读者一看便知内容核心。精心的目录设计将每章的精华知识都进行了高度浓缩提炼，使读者看了目录便能对各章各节的知识点和关键点有大致了解。

本书打破常规对各类人员薪酬激励进行整体设计，从人才关注维度、业务模式、人才发展、薪酬激励设计、绩效管理、人才激励保障措施等方面全方位进行系统描述。读了此书，读者仿佛置身于薪酬管理实战的海洋，管理场景源源不断渗入大脑，不经意间即受益匪浅。

学习不止，笔耕不辍。我用心写作，每一本书都耗尽心血，但见读者阅后的好评，仍满是欣慰！现在，我用心、用情完成了此书，希望本书给读者更多、更新的感受，教会读者新的知识、技法、技能，使读者更快成长，帮助企业吸引人才、留住人才、激励人才，为企业创造源源不断的财富，造福世界。

谢谢大家的支持和帮助，在此深表谢意！

潘平

目录 CONTENTS

第一章
薪酬激励管理基本认知——全面认识薪酬激励管理

1.1 薪酬激励基本概念——了解概念各施功能 // 002
1.2 薪酬激励主要原则——九大原则明确方略 // 004
1.3 薪酬激励管理误区——薪酬激励妙用技法 // 006
1.4 薪酬激励风险防范——合法合理合情管理 // 009

第二章
薪酬激励管理接口业务——业务协同共驱管理效能

2.1 战略决定薪酬战略——战略人才薪酬三者统一 // 014
2.2 组织结构设计管理——效能决定组织存在价值 // 018
2.3 职位价值评估管理——职位差异决定价值区域 // 020
2.4 任职资格认证管理——考评认证评判能力匹配 // 024
2.5 绩效结果管理应用——价值创造决定激励大小 // 028
2.6 员工职业生涯发展——有前途有钱挣共享双赢 // 030

第三章
薪酬政策制度管理体系——掌握政策管理得心应手

3.1 薪酬政策制度体系——薪酬管理规范准绳 // 036
3.2 绩效应用管理体系——绩效决定最终分配 // 039
3.3 考勤休假管理制度——核算薪酬扣发依据 // 039

3.4 薪酬调整管理制度——调薪有规激励有度 // 040

3.5 员工关系管理制度——入职离职付薪管理 // 042

3.6 福利政策体系管理——福利保障激励管理 // 043

第四章

员工薪酬福利发放技法——准时准确发放薪酬福利

4.1 如何选择计发系统——选好用好工具事半功倍 // 050

4.2 厘清薪酬福利科目——项目计发不错不漏技法 // 052

4.3 梳理薪酬关联信息——员工发薪不错不漏技法 // 053

4.4 薪酬发放准备技法——薪酬计发准备充分技法 // 055

4.5 薪酬发放后续管理——发现问题及时纠正技法 // 057

第五章

全面薪酬激励管理体系——三百六十度的激励管理

5.1 全面薪酬激励体系——全面薪酬包含要素 // 060

5.2 全面薪酬设计要素——五大要素统筹设计 // 063

5.3 全面薪酬要素应用——灵活运用要素技巧 // 065

第六章

1M3P 薪酬激励设计——定价定标定级按值论价

6.1 1M3P 薪酬体系内涵——介绍 1M3P 激励要素 // 072

6.2 按市场付薪激励理念——按市场规则定激励策略 // 073

6.3 为岗位付薪激励理念——按市场价值定职位薪标 // 074

6.4 为能力付薪激励理念——按员工能力定薪酬落点 // 076

6.5 为绩效付薪激励理念——按创造价值定最终收入 // 078

第七章

薪酬市场信息调研管理——市场视角看薪酬竞争力

7.1 薪酬调研的方式选择——三种调研方式各具特点 // 082

7.2 薪酬调研的实施路径——三步轻松完成调研任务 // 084

7.3 薪酬调研的主要内容——七个要素摸清调研对象 // 087

7.4 薪酬调研的组织管理——分工明确提高调研效率 // 093

7.5 薪酬调研报告的编制——调研编写模板报告技法 // 094

7.6 薪酬调研报告的应用——巧用调研报告指导调薪 // 095

第八章

内部薪酬评估确定方向——六个维度甄别管理问题

8.1 薪酬政策有效性评估——四个维度评估薪酬制度 // 098

8.2 薪酬标准执行性评估——影响薪酬执行因素分析 // 099

8.3 员工结构性收入评估——结构占比实际变化分析 // 100

8.4 实发与标准差异评估——全面分析收入影响因素 // 103

8.5 职类间人员薪酬评估——激励结果是否符合设计 // 105

8.6 内培外聘收入差评估——缩小收入差距解决方法 // 106

第九章

满意度敬业度调查报告——从另一视角来审视薪酬

9.1 满意度敬业度调查要素——五个要素和四个方面 // 108

9.2 满意度敬业度调查流程——七个管理流程和节点 // 109

9.3 满意度调查结果看薪酬——如何聚焦不满意问题 // 110

9.4 敬业度调查结果看薪酬——如何聚焦非敬业因素 // 111

9.5 流失率分析报告看薪酬——如何聚焦流失真动因 // 111

第十章
宽带薪酬设计应用管理——轻松解决职位能力价差

10.1 宽带薪酬基本概念——宽带薪酬的优缺点 // 114

10.2 宽带薪酬体系要素——掌握要素用好功能 // 116

10.3 宽带薪酬设计技巧——两种方法科学设计 // 119

第十一章
薪酬福利预算管理体系——效能导向有预算有钱花

11.1 薪酬预算管理概述——广义狭义薪酬预算 // 134

11.2 战略薪酬预算模型——三位一体预算模型 // 134

11.3 薪酬预算组织管理——四级预算管理模式 // 136

11.4 薪酬预算制度管理——内外制度共同支撑 // 137

11.5 薪酬预算指标管理——四力模型回收指标 // 138

11.6 薪酬预算流程管理——四步流程管理闭环 // 142

11.7 薪酬预算支持平台——五大数据管理平台 // 142

11.8 按职能预算管理法——正向预算管理方法 // 147

11.9 按价值预算管理法——逆向预算管理方法 // 151

11.10 薪酬预算滚动管理——业务变化滚动预算 // 153

11.11 薪酬预算运行审计管理——六维度来评估审计 // 153

第十二章
技能人员薪酬激励管理——技能"工匠"人才激励

12.1 技能人员关注的激励——从五个维度来关注 // 156

12.2 技能人员的发展路径——双通道多层级发展 // 157

12.3 计件工资的激励管理——工作成果激励付薪 // 162

12.4 计时工资的激励管理——工作时间激励付薪 // 164

12.5　计件计时的应用管理——两者的适用性分析 // 172

12.6　计件工资转计时工资——管理变革制度保障 // 174

12.7　技能人员的绩效管理——五个要素管理评价 // 176

12.8　九个标准和六个保障——构建激励保障生态 // 180

第十三章
市场人员薪酬激励管理——绩效 + 基薪提成薪酬激励

13.1　市场一线人员激励关注——从五个维度来关注 // 186

13.2　不同销售模式人才特点——三种模式人才各异 // 187

13.3　市场人员职业生涯管理——三通道多层级发展 // 188

13.4　分销模式薪酬激励管理——能力业绩分配激励 // 189

13.5　直销模式薪酬激励管理——业绩提成分配激励 // 191

13.6　互联网式薪酬激励管理——团队平台创新激励 // 193

13.7　个性化的福利激励管理——因人因地差异激励 // 195

13.8　市场人员激励保障措施——构建激励保障生态 // 195

第十四章
研发人员薪酬激励体系——能力 + 项目绩效薪酬激励

14.1　研发人员关注的激励——从六个维度来关注 // 204

14.2　研发业务的管理模式——三运作五知识管理 // 206

14.3　研发业务的人才发展——四通道多层级发展 // 208

14.4　研发业务的薪酬激励——短中长三模式结合 // 209

14.5　研发项目的激励管理——节点激励收益分享 // 211

14.6　研发业务的绩效管理——研发项目绩效激励 // 215

14.7　研发人员激励保障措施——构建激励保障生态 // 218

第十五章
管理人员薪酬激励体系——职位+能力绩效薪酬激励

15.1 管理人员关注的激励——从五个维度来关注 // 222
15.2 管理人员分层分类管理——纵分职层横分职类 // 223
15.3 管理人员培养发展路径——双通道多层级发展 // 224
15.4 管理人员职位价值评估——评估技法绘制图谱 // 227
15.5 管理人员薪酬激励设计——职价定标绩效定果 // 229
15.6 管理人员薪酬绩效激励——绩效考核二次分配 // 234
15.7 管理人员激励保障措施——构建激励保障生态 // 237

第十六章
海外人员薪酬激励管理——绩效+差异保障薪酬激励

16.1 海外人员关注的激励——从三个维度来关注 // 240
16.2 海外业务的管理模式——分阶段分模式管理 // 240
16.3 海外业务的人员配置——长短期的组合派遣 // 242
16.4 海外人员的发展模式——三种培训覆盖培养 // 243
16.5 海外人员的激励模式——绩效保障组合激励 // 245
16.6 薪酬激励的保障措施——构建激励保障生态 // 252

第十七章
高管人员薪酬激励管理——留住核心人才的"金手铐"

17.1 高管人员内部发展模式——内培外招双管齐下 // 258
17.2 高管人员薪酬激励模式——短中长期有效组合 // 259
17.3 短期激励绩效考核案例——绩效年薪超目标奖 // 260
17.4 中长期激励管理的模式——全面介绍因企而用 // 262
17.5 高管人员激励保障措施——构建激励保障生态 // 269

第一章
薪酬激励管理基本认知
——全面认识薪酬激励管理

企业对员工的激励无外乎物质和精神两方面，而物质激励又以薪酬激励为主导。每一个优秀的、持续发展的企业，都会非常重视员工激励，并设计好自己的薪酬激励体系。

1.1 薪酬激励基本概念——了解概念各施功能

薪酬就是企业向劳动者支付的劳动报酬，是企业与劳动者双方就劳动者付出的劳动进行核算交易的价格。薪酬按其内涵可分为狭义薪酬和广义薪酬。

狭义薪酬指的是员工获得的以工资等现金或实物形式支付的劳动回报等经济性薪酬，包括基本工资、月度奖金、年度奖金、现金补贴、保险福利、带薪休假、利润分享以及股权激励等。

广义薪酬（又叫360度薪酬）包括经济性薪酬和非经济性薪酬。经济性薪酬如狭义薪酬所述，非经济性薪酬包括工作认可、挑战性工作、工作环境、工作氛围、发展、晋升机会、能力提高以及职业安全等。具体内容如图1-1和图1-2。

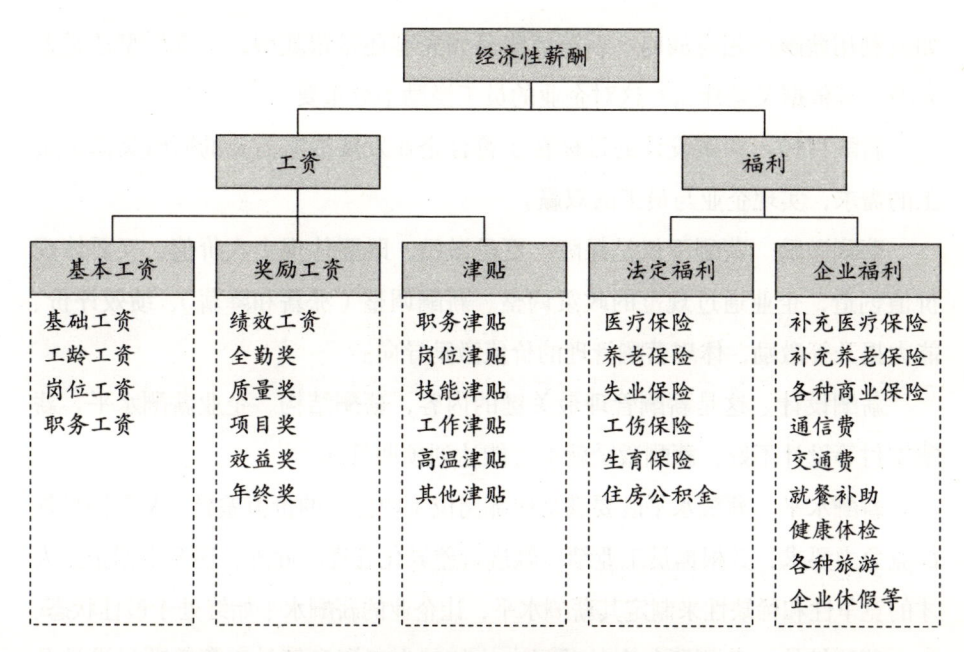

```
                            经济性薪酬
                ┌──────────────┴──────────────┐
               工资                          福利
        ┌───────┼───────┐              ┌──────┴──────┐
     基本工资  奖励工资  津贴         法定福利      企业福利
```

基本工资	奖励工资	津贴	法定福利	企业福利
基础工资	绩效工资	职务津贴	医疗保险	补充医疗保险
工龄工资	全勤奖	岗位津贴	养老保险	补充养老保险
岗位工资	质量奖	技能津贴	失业保险	各种商业保险
职务工资	项目奖	工作津贴	工伤保险	通信费
	效益奖	高温津贴	生育保险	交通费
	年终奖	其他津贴	住房公积金	就餐补助
				健康体检
				各种旅游
				企业休假等

图1-1　企业经济性薪酬构成示意图

```
                    非经济性薪酬
        ┌──────────────┼──────────────┐
     工作感受        个人成长        其他收获
```

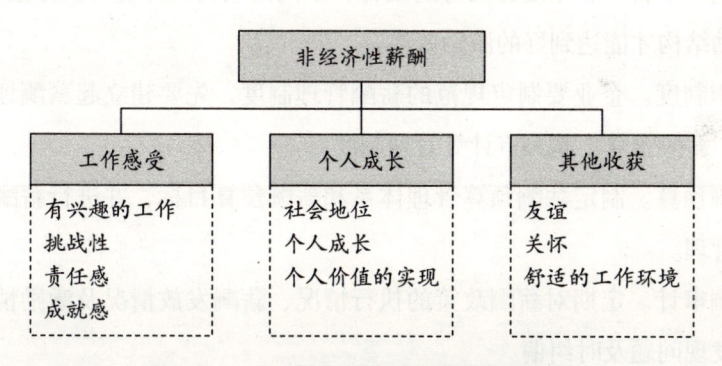

工作感受	个人成长	其他收获
有兴趣的工作	社会地位	友谊
挑战性	个人成长	关怀
责任感	个人价值的实现	舒适的工作环境
成就感		

图1-2　企业非经济性薪酬构成示意图

薪酬激励管理：对薪酬激励战略制定、薪酬激励制度体系设计、薪酬激励分配过程及结果的有效管理。其中，薪酬激励战略制定是基于企业的战略目标与定位及人才战略制定；薪酬激励制度体系设计主要是对薪酬管理、薪酬水平、薪酬结构和薪酬激励分配等进行系统化设计；薪酬激励分配是对员工薪酬评定、薪酬支付等进行管理。

那么，企业薪酬激励管理的主要内容是什么呢？具体核心内容如下：

薪酬战略。企业根据自己的经营能力、人才竞争性、岗位价值等采取的如何利用薪酬的相应战略。薪酬战略是领先型还是跟随型，是滞后型还是差异型？其依据又是什么？这对企业的员工激励十分重要。

薪酬目标。薪酬设计的目标在于符合企业发展战略需要的同时又满足员工的需求，实现企业与员工的双赢。

薪酬激励。薪酬不仅是保障，更是激励，既要体现个人价值，又要体现价值创造，企业通过规范的政策调整、薪酬调整（涨薪和降薪）、绩效评价、能力提升等激励，体现薪酬管理的价值激励导向。

薪酬设计。这是薪酬管理最关键的内容，薪酬结构、企业薪酬水平、薪酬支付等设计不好，薪酬激励就不可能达到预期目标。

薪酬水平。薪酬水平既要满足内部岗位（职位）的价值差异，又要满足外部竞争力要求，并根据员工业绩贡献进行差异化管理。此外，还要根据企业人才的竞争性和稀缺性来制定其薪酬水平，让企业的薪酬水平始终处于最佳状态。

薪酬结构。薪酬所包含的项目，比如基本工资和绩效工资等项目设计及结构比例、项目奖和年度分红等的设计，不同的结构设计应有其激励的目的，好的激励结构才能达到好的激励效果。

薪酬制度。企业要制定规范的薪酬管理制度，先要建立起薪酬评审、调薪机制、薪酬预算、薪酬审计等管理制度。

薪酬预算。制定薪酬预算管理体系和薪酬预算目标，并进行薪酬预算以及滚动管理。

薪酬审计。定期对薪酬政策的执行情况、薪酬发放情况及激励情况进行审计，发现问题及时纠偏。

1.2　薪酬激励主要原则——九大原则明确方略

1. 战略指引原则

薪酬战略是企业薪酬激励系统设计及管理工作的指南，是推动企业人力资源发展的保证。企业通过制定和实施适合于自己的薪酬战略，充分利用薪酬这一激励杠杆，向员工传递企业的战略文化，更好地调动员工的激情。薪酬战略的设计直接关系薪酬激励体系的好坏，好的薪酬战略设计所发挥的引领作用必将推进薪酬激励的实现。

2. 人才至上原则

人才是企业的核心资源，企业在薪酬管理过程中要特别重视围绕人才展开激励。薪酬要对人才产生吸引力和激励作用，才能推动人才发展，推动企业战略目标的实现。

3. 价值导向原则

企业要考虑员工在组织的贡献与价值，以及胜任职位所需要具备的能力和素质要求。企业在薪酬管理中要充分考虑到人才价值性和竞争性，同时企业要在职位分析的基础上，通过岗位价值的评估来确定岗位的价值。

4. 绩效导向原则

在薪酬管理过程中，企业可以采取绩效评估的方式来促进员工提高工作绩效。员工最终的绩效结果影响个人收入的高低。员工的年度奖励将由个人绩效与组织绩效双因素决定，从而让员工享受企业发展的成果，同时通过差异化的绩效激励奖金来体现员工所作出的贡献差异，员工调薪也由个人绩效和贡献决定。

5. 合法公平原则

薪酬管理的核心之一是合法公平。薪酬管理首先要合乎国家法律法规，企业应依法制定薪酬激励制度；其次要关注薪酬管理的内部公平性，当员工感到薪酬内外分配不公平时会对企业、工作感到不满，甚至选择离职。

6. 竞争性原则

企业要定期组织开展薪酬调查工作，对比分析薪酬的竞争性。当竞争性减弱甚至消失时，企业要及时进行调整。

7. 周期评估原则

在薪酬管理实施过程中，薪酬管理者要对薪酬的竞争性、公平性和激励性进行分析评估，及时调整薪酬激励政策制度，防止薪酬激励性减弱，甚至失效。

8. 动态调整原则

薪酬管理要随着企业实际经营状况、人才市场竞争性的变化而调整，不应一成不变。

9. 激励差异原则

薪酬激励要根据市场情况、职位价值和员工的重要性来进行差异化设计，以体现不同类别人才的贡献和价值，激励和留住核心员工。

表1-1　各类人才薪酬激励原则

人才类别	薪酬原则	主要人员群体
核心人才	绝对竞争力 收入超越期望	中高层管理者 关键技术人才
骨干人才	相对竞争力 收入满足期望	中高层管理者 技术骨干
一般人才	市场平均水平 收入随行就市	普通员工

1.3　薪酬激励管理误区——薪酬激励妙用技法

在企业的人力资源管理中，薪酬激励无疑是最为敏感的问题之一。如何对薪酬激励进行科学有效的管理，避免走入管理的误区，企业薪酬管理者必须对此深入研究并转化为行动，方能达到薪酬激励的目的。

误区一：薪酬激励是员工离职最直接的因素

这种观点的核心就是"有钱能使鬼推磨"。

员工离职的原因很多，总结起来只有两点最真实，一是钱没给到位，二是心委屈了，归根结底就是"干得不爽"……事实上钱给到位并不能绝对留住人，员工的需求是多层次、多元化的，如果员工感觉工作不爽，即使发再多的钱，也不会起到应有的激励效果。

一个员工在企业发展，他的需求是多元的，特别是职位比较高的核心骨干员工，除了享受高薪待遇，良好的工作环境、良好的沟通和人际氛围、富有激情的团队支持、领导的赏识和及时的认可同样有较大的激励作用。

美国心理学家马斯洛的需求层次理论告诉我们，每个员工年龄结构不同，社会经济基础不同，其需求层次也将不同。企业管理者要了解每个员工的需求，合理应用需求层次理论，对员工激励进行有效设计和实施。

误区二：高薪就可带来高绩效，高薪就可吸才留才

企业如果不设计好绩效激励制度，不对员工进行绩效评价激励，那么员工干多干少都一样，这样是带不来高绩效的。

高薪的确能吸引一部分人才，但是不见得能持久留住人才。一些企业认为：我花钱你工作，我多花钱你就应该超负荷工作，并且要创造出高绩效。殊不知员工在不同需求阶段所关注的要素不同，除了薪酬要素之外，影响员工留在企业工作还有许多其他要素，比如职业发展机会和空间、工作兴趣、文化环境、弹性福利等。

误区三：员工不满意通过加薪就可以解决

"土豪"的老板认为加薪发奖金就可以解决员工抱怨度的问题，这绝对是错误的认识。加薪在短期内会对员工起到明显的激励作用，但这种激励并不长远。同时，长期秉承加薪激励方式会给企业带来持续的人工成本增长，这种增长会给企业带来巨大的成本压力。持续加薪时间长了，员工财富多了，员工对加薪也就不感兴趣了。

误区四：降薪很难

为优秀员工加薪激励，对不称职员工降薪甚至解除劳动关系，这是许多企业的做法。但不少企业认为如何对员工降薪是一个较难处理的问题。其实，只要企业建立薪酬激励文化，并有相应的制度支撑，此问题就能迎刃而解。

误区五：同岗就应同酬

不同员工对企业的贡献、忠诚度、能力等均有差异。虽然在同一个岗位上工作，但是他们所创造的显性和隐性的价值是不相同的。即使显性价值相同，积攒的知识财富、经验、长期在岗带来的工作质量和换岗损失等隐性价值差异也不相同。因此，同岗可以不同酬，收入应与员工的能力、忠诚度、工龄等因素相关。

误区六：薪酬仅重视总量管理却忽视结构性管理

有这样一个著名的实验，饲养员饲养了几只猴子，开始上午给猴子4个苹果，下午给3个苹果。过一段时间后，改为上午给3个，下午给4个，猴子极不乐意，嗷嗷地叫。这个小故事告诉我们，在总量范围内改变结构，可能带来员工的不满意，甚至可能因一些结构设计违背国家法律法规，造成员工诉讼甚至带来损失。因此，科学的薪酬结构设计会在付出同样成本前提下为企业带来意想不到的效果。

误区七：薪酬激励仅是人力资源部门的职责

从人力资源业务管理流程来看，薪酬激励管理属于企业人力资源管理中的一个环节，它位于一系列人力资源管理职能之后，是在岗位分析与评价以及绩效管理等完成之后才能得到的一个最终结果。

在薪酬体系框架内，员工创造价值获得的薪酬，涉及绩效考核、考勤管理、培训、任职资格等诸多环节，这些过程的监控和评价需要人力资源部门和用人部门的共同参与才能完成，绝非人力资源部一个部门就能完成。

误区八：薪酬激励政策仅需老板一人决策即可

员工的薪酬竞争性策略由企业老板或者总经理决策，对规模小的企业而言没有什么大问题，但是当企业规模足够大时，这种决策模式就会带来很多管理问题，甚至引起内部分配矛盾和员工的不满。

对于有一定规模的企业，建议设立薪酬绩效管理委员会，对薪酬激励政策机制进行管理。各层次管理重点如表1-2。

表 1-2　薪酬分层管理表

层次	管理重点
企业高层管理者（薪酬绩效管理委员会）	企业薪酬战略规则、薪酬成本目标、薪酬激励政策（如高管年薪制）及薪酬预算等审批
人力资源部	企业薪酬体系、薪酬制度、薪酬模式设计、薪酬外部调研和内部评估，负责向公司提交年度薪酬绩效考核方案和激励方案，薪酬成本日常控制（如员工薪酬谈判）等
用人部门（业务部门）	在薪酬成本控制范围内，负责配合人力资源部做好薪酬成本控制，向人力资源部提供薪酬调整建议等

在上述分工管理模式下，各层次发挥各自的特长和优势，共同支撑企业薪酬体系规范化管理。

1.4　薪酬激励风险防范——合法合理合情管理

1.政策制度设计的风险防范

企业进行薪酬激励时应注意政策制度设计风险防范，具体有以下五方面内容。

表 1-3　政策制度设计的风险防范

政策制度设计的风险防范
员工的应发工资额不低于当地最低工资标准
薪酬设计的方案、工资制度规定、工资标准等一定符合国家法律法规，通过一定的民主程序得到合法确认，并通过公示或培训学习方式让员工接受
工资扣除要注意额度的控制和标准的掌握，如病事假工资的扣除上做到工资额度不能低于最低工资标准的 80%
工资发放时间要依法依程序进行制度规定并告知员工，让其熟知并接受，要做到按时发放，同时让员工对所发放的工资额进行确认，保证无异议
企业对涉及扣除工资及罚款的事项最好都能纳入绩效工资考核的范畴，以避免不必要的法律纠纷

2. 薪酬发放的风险防范

企业进行薪酬发放时的风险防范有以下三方面内容。

表1-4 薪酬发放的风险防范

薪酬发放的风险防范	
拖欠员工工资	法律规定工资发放推迟30天以上就构成拖欠，用人单位不得无故拖欠劳动者工资
加班工资	对于加班工资，法律也有严格的规定，详细规定见《劳动法》第44条
逾期发放工资	企业都有自己的发薪规定日，不按时发薪，随意更改发薪日期，都会降低员工满意度

3. 员工离职清算的风险防范

企业在进行员工离职清算时应注意以下四方面风险防范。

表1-5 员工离职清算的风险防范

员工离职清算的风险防范	
离职工资结算问题	及时支付工资是基于劳动基准法的规定。员工离职必然意味着劳动关系的终结，员工的劳动报酬应及时支付
奖金的离职结算问题	离职结算时，关于该离职员工是否应支付以及支付多少奖金必须基于相应的业绩数据。只要符合业绩数据及对象之间的真实性和关联性，企业就必须及时支付，并与员工签订体现支付金额和支付方式的解除劳动合同协议书
加班费及年休假工资的结算问题	离职环节的加班费结算，如果没有在职期间的数据和凭证，则必须进行及时的清理和结算；在双方确定具体离职日期时，必须留有一定的时间以便安排该员工未休的年休假；须书面通知其休年休假，明确是否休年休假以及年休假的具体期限
经济补偿金及违约金的结算问题	离职结算过程中，经济补偿金的支付需尽量发挥其"合意性"和"抗辩性"功能。《劳动合同法》规定，只有在员工违反服务期协议和竞业限制协议这两种情形下，企业方能要求员工支付违约金

4. 福利发放的风险防范

企业在福利、补贴的税务处理中主要存在以下三类风险或问题。

表 1-6　福利发放的风险防范

福利发放的风险防范	
"实报实销"方式列支职工福利、补贴	这是漏缴个人所得税的行为。企业为员工发放福利、补贴等，大多属于个人所得税应纳税范畴，应该计入工资、薪金所得项目征税
按规定标准包干列支的费用，税前列支未取得合法凭证	根据相关法律规定，企业当年度实际发生的相关成本、费用，由于各种原因未能及时取得该成本、费用的有效凭证，企业在预缴季度所得税时，可暂按账面发生金额核算，但在汇算清缴时，应补充提供该成本、费用的有效凭证
福利及补贴未区分个人消费与企业消费，容易造成税前列支混乱	若企业不加区分，将福利及补贴全部作为个人所得，将人为导致个人所得税计税基础的扩大。同时，使正常企业消费支出并未获得合法有效凭证，引发税前列支风险

5. 社保管理的风险防范

根据《劳动法》等相关法律规定，社会保险属于强制保险，用人单位和劳动者必须依法强制缴纳。用人单位在劳动合同中排除自己缴纳社保义务或以劳动者不配合缴纳社保为由进行抗辩均是无效的。用人单位拒不参加社会养老保险，由社会保险管理部门责令其限期参加，并追缴其应参加社会养老保险之日起的社会养老保险费及按日加收应缴额 1‰ 的滞纳金。

第二章

薪酬激励管理接口业务
——业务协同共驱管理效能

薪酬激励管理是企业人力资源管理中的核心内容之一。从人力资源业务来看，必须厘清薪酬与人力资源相关模块的关系，厘清其输入输出业务接口，方能做好薪酬管理。薪酬管理具体的业务接口如图2-1所示。

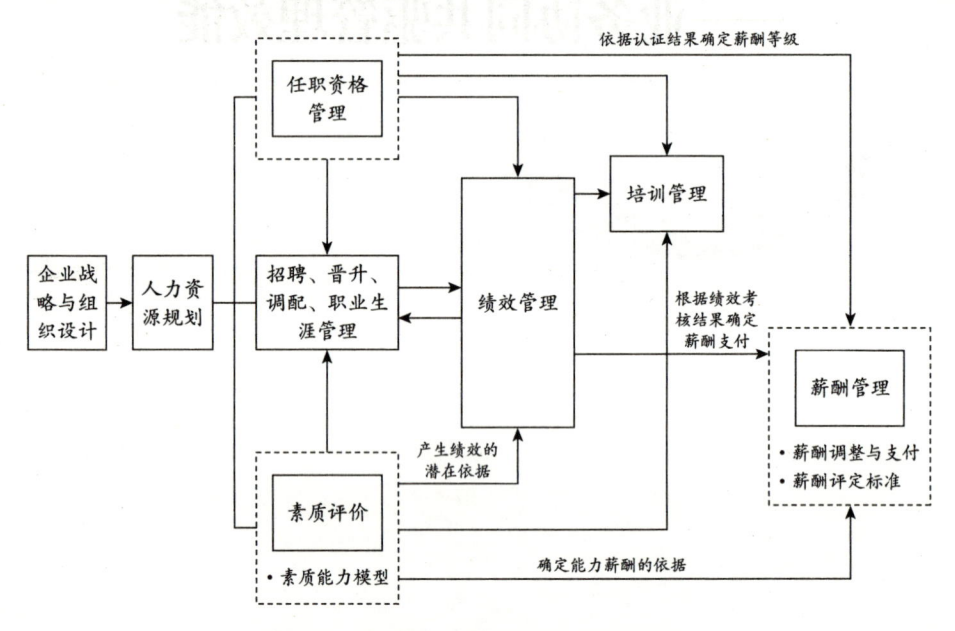

图 2-1　薪酬激励管理接口业务关系图

2.1　战略决定薪酬战略——战略人才薪酬三者统一

企业薪酬体系设计必须要与企业的战略与人才发展相匹配，既符合公司整体战略发展需要，又符合人才发展的整体需要。

2.1.1 从战略角度去审视薪酬

1. 竞争性

企业的薪酬水平直接影响企业在人才市场的竞争力。企业只有支付对外具有竞争力的薪酬,才能吸引发展所需的人才。使用好薪酬激励既能激发员工的工作热情,又能让企业人工成本具有竞争力。因此,企业在制定薪酬激励策略时,既要考虑本行业的薪酬竞争力水平,又要考虑本行业及相关行业人才的特点,以此来制定企业的差异化薪酬。这样既保持了薪酬的竞争力,又保持了人工成本的可行性。

2. 长远性

薪酬激励不仅要考虑对员工当前的激励作用,而且要考虑持续长远的激励。企业需要设计短、中、长相结合的薪酬政策。

3. 持久性

好的薪酬战略对企业保持持久的竞争优势具有重要意义。因此,要根据市场环境、企业自身战略特点以及企业发展周期的变化,不断进行薪酬政策的评估与适时调整,这样才能保持其适用性。

4. 人才性

当今时代,随着互联网、人工智能的迅速发展,人才竞争迈向一个新的高度。人才有价与无价并存,一个人才可以成就一个业务、一个企业。因此,薪酬政策不基于人才来设计与管理,其激励性就无从谈起。企业只有制定好的薪酬激励政策,才能持续地吸引、保留人才,激励人才,发挥他们的才能,推动企业战略目标的实现。

2.1.2 内外视角审视薪酬影响

薪酬政策的优劣性受企业的发展变化、人才的需求环境、同行人才的竞争程度等因素影响。因此，企业在制定薪酬战略时务必要清晰了解影响企业薪酬的内外关键因素。

1. 影响薪酬的外部因素

宏观经济环境：如国内生产总值、消费者物价指数、房价以及租金等。

所处行业的要素：行业发展周期、外部竞争性、人才稀缺性、人才可获取性、人才可保留性。

劳动力市场结构：人力资源总量及结构，如人口老龄化趋势。

地区差别：人才总量及结构、流动性。

劳动力市场的供求关系：人才饱和度、人才供求平衡性、人才的稀缺性等。

薪酬相关的法律法规：如劳动法律法规规定的最低工资标准、工作时间等。

竞争对手：如竞争对手市场战略、成长速度、人才策略等。

劳动力市场价格水平等。

2. 影响薪酬的内部因素

企业经营状况及成本承受能力：企业盈利能力、发展预期、成本构成及其变化趋势。

企业所处发展周期阶段：公司是处于成长期、成熟期还是衰退期。

内部公平性：内部薪酬的不公平自然带来为追求公平而进行的不断调整。

人才价值观：企业对不同人才的价值观和重视人才的程度。

薪酬策略：企业的薪酬策略是领先型、跟随型、滞后型还是差异型。

企业的激励分配文化等。

2.1.3 薪酬策略类型及其应用

薪酬战略决定了薪酬实施的策略，企业的薪酬策略如表2-1。

表 2-1　薪酬策略类型及其适用范围

薪酬策略	优点	缺点	适用范围
领先策略	企业人才竞争吸引力大，员工满意度高	企业固定运营成本太高	企业快速爆发发展阶段
跟随策略	平衡公司发展和人力成本	必须加快薪酬调查和调整频率	在业界具有相对竞争力的企业
滞后策略	公司运营成本低	人才极易流失	在业界处于衰退、竞争力弱的企业
差异化策略	符合"二八法则"，关键骨干人员薪酬领先，普通员工薪酬跟随策略	市场战略要清晰，人才薪酬策略要及时调整	差异化战略企业，业务多元化企业

2.1.4　企业生命周期薪酬策略

宏观经济环境、产业环境、企业内部环境以及企业所处的不同生命周期都会影响薪酬战略与策略和企业经营发展的匹配性。

企业处在不同的生命周期，其薪酬战略是不同的。企业不同生命周期的薪酬策略如表 2-2 所示。

表 2-2　企业生命周期的薪酬策略

成长期	主要特征	人才战略	薪酬原则	备注
初始期	企业对资金需求量大，希望员工能和企业风雨同舟共同发展，业绩和薪酬相挂钩	"能人战略"	变动薪酬长期激励	薪酬弹性大
成长期	企业管理逐渐规范，薪酬仍重视业绩和技能，但开始重视资历等因素	"能人+培养"战略	固定薪酬和短期薪酬日渐增加，长期薪酬和变动薪酬的比重有所下降	绩效弹性+刚性并重
成熟期	企业具有大量的现金收入，企业文化基本成形，薪酬管理相对规范	"梯队建设"战略	高固定薪酬的激励作用比较显著，长期薪酬的比重有所下降，非经济报酬逐渐受到重视	薪酬制度偏刚性

续表

成长期	主要特征	人才战略	薪酬原则	备注
衰退期	企业的市场份额和盈利能力日渐减少，员工人心不稳	"转型"战略	薪酬以绩效薪酬和差异化薪酬为主，对转型业务的骨干员工进行重点激励	差异性

2.2 组织结构设计管理——效能决定组织存在价值

组织结构设计是通过对战略业务和组织资源进行整合和优化，确立企业某一阶段最合理的管控模式，实现组织资源价值和组织效能最大化。组织结构设计是职位体系设计的输入，职位设计及薪酬体系设计必须在合理的组织结构设计基础上来进行。

2.2.1 组织结构设计原则

表2-3 组织结构设计原则

原则	具体内容
战略一致性原则	组织战略是企业战略的重要支撑，企业组织设计要与企业的战略目标保持一致，为实现企业战略提供组织保障
前瞻性和适应性平衡原则	企业组织设计既要满足当年经营管理目标的实现，又要体现一定的前瞻性，同时要保持组织的精简高效，以适应业务发展的需要
效能价值性原则	在进行组织设计时，一定要分析设计的组织有什么价值，无价值的组织应被取代或优化
客户导向原则	组织设计最终以客户满意为目标。要能快速响应市场提出的成本控制、质量改进等要求，更好地为市场服务，迅速实现市场目标
专业化原则	专业化就是按工作任务的性质进行专业化分工，组织内的各部门都应该尽量按专业化原则来设置，以便使工作精益求精，持续改善，达到高效率
责、权、利相符原则	所承受的权（力）利、利益、义务和职责必须相一致，不应当有脱节、错位、不平衡现象存在

2.2.2 组织结构设计流程

组织结构设计以战略分解为前提,业务分析为基础。应先分析企业业务流程,然后再进行组织及岗位设计,组织结构设计工作流程如图 2-2 所示:

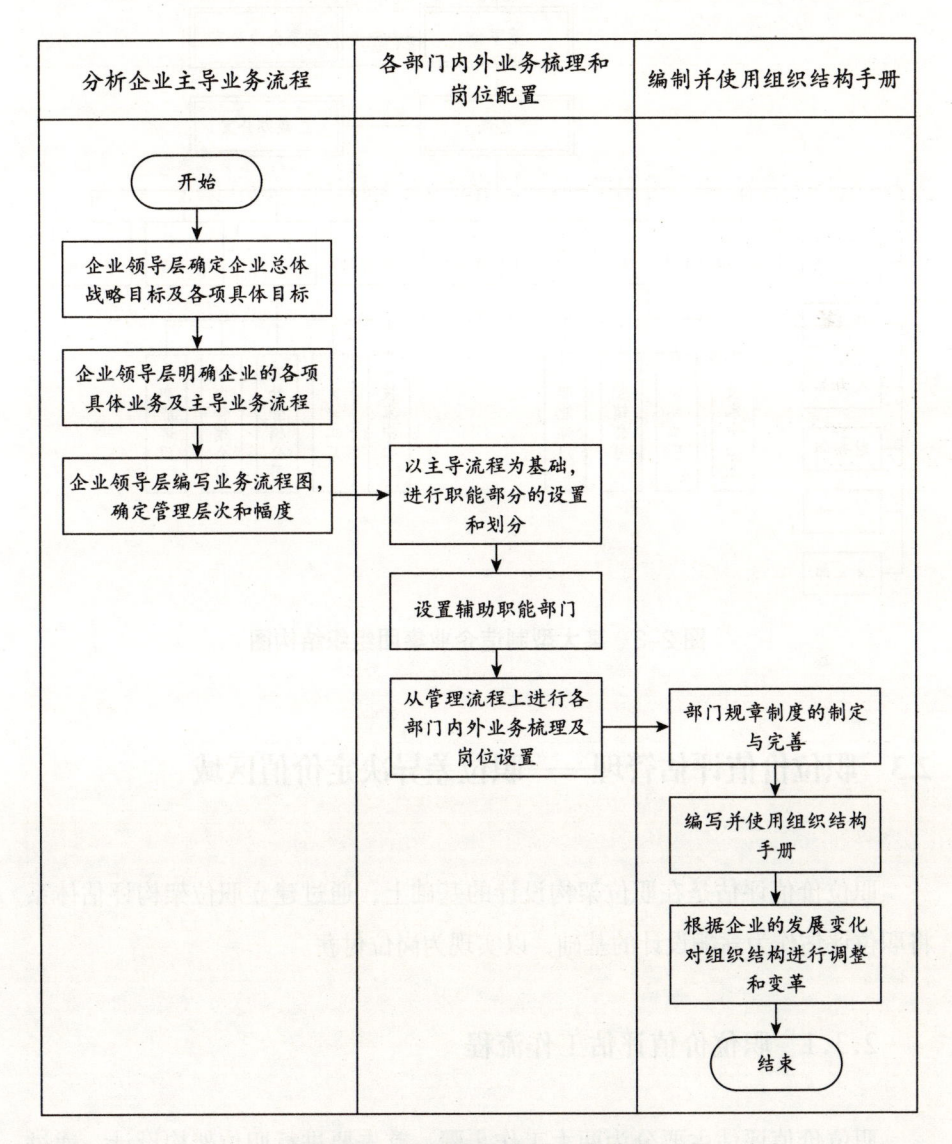

图 2-2 组织结构设计工作流程

案例 2.1: 某企业组织结构图

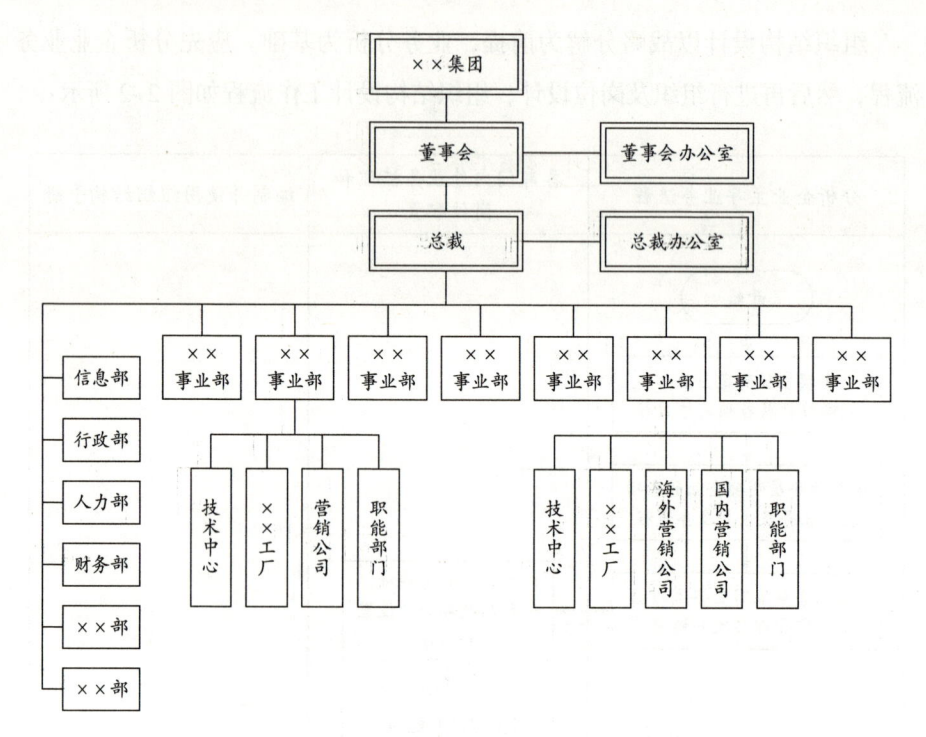

图 2-3 某大型制造企业集团组织结构图

2.3 职位价值评估管理——职位差异决定价值区域

职位价值评估是在职位架构设计的基础上，通过建立职位架构评估体系将职位评估作为薪酬设计的基础，以实现为岗位付薪。

2.3.1 职位价值评估工作流程

职位价值评估主要分为两大工作步骤，首先要进行职位架构设计，通过业务分析，设计职位架构体系。其次在职位架构的基础上，开展职位价值评估，确定各职位的相对价值。职位价值评估工作流程如图 2-4。

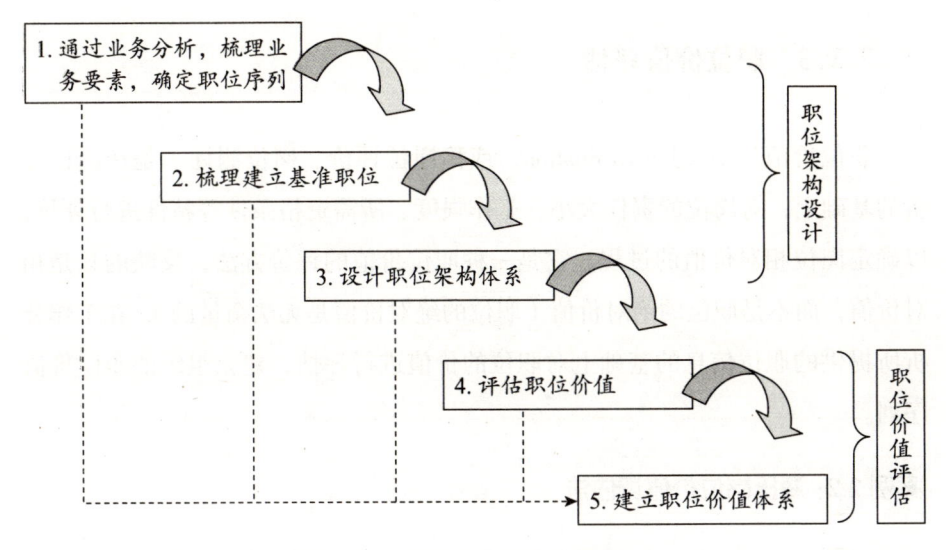

```
1.通过业务分析,梳理业务要素,确定职位序列  ┐
   2.梳理建立基准职位                        ├ 职位架构设计
      3.设计职位架构体系                     ┘
         4.评估职位价值                      ┐
            5.建立职位价值体系                ├ 职位价值评估
                                             ┘
```

图 2-4 职位价值评估工作流程

2.3.2 职位架构设计

职位架构设计主要通过明确各岗位对企业战略目标实现的贡献度,即岗位的相对价值,使组织价值与各类工作岗位相适应。根据企业内组织价值建立一套连续的职位等级,形成职位架构,从而明确员工的职业发展和晋升途径,便于员工理解企业的价值标准,引导员工朝更高的层次发展。

表 2-4 职位架构设计示例图

层次	职类						
决策层	董事会						
管理层	总经理						
	副总经理	副总经理	副总经理	副总经理	副总经理		
执行层	财务类	法务类	人力类	党群类	研发类	制造类	营销类
	部门经理	部门经理	部门经理	部门经理	部门经理	部门经理	部门经理
	部门副经理	部门副经理	部门副经理	部门副经理	部门副经理	部门副经理	部门副经理
操作层	主管	主管	主管	主管	主管	主管	主管
	助理	助理	助理	助理	助理	助理	助理

2.3.3 职位价值评估

职位价值评估（Job Evaluation，或称岗位评价、岗位测评）是在岗位分析的基础上，对岗位的责任大小、工作强度、所需资格条件等特性进行评价，以确定岗位相对价值的过程。它是一种职位价值的评价方法，反映的只是相对价值，而不是职位的绝对价值（职位的绝对价值是无法衡量的），在工作分析所提供的职位信息的基础上对职位的价值进行评估，建立组织的职位价值序列。

案例2.2：海氏岗位价值评估法

海氏岗位价值评估法是根据每个岗位的知识技能水平、解决问题的能力和承担的职务责任3个要素，来综合计算工作岗位的价值。其中，知识技能水平、承担的职务责任2个要素的评估分和最后得分都是绝对分数，而解决问题能力的评估分是相对分（百分数），岗位最终评价得分的公式为：

职位最终评估分＝知识技能得分 × 知识技能权重 ×（1+解决问题得分比值）+ 承担的职务责任得分 × 职务责任权重。

该评估法认为，一个岗位存在的理由是必须承担一定的责任，即该岗位的产出。那么，投入什么才能有相应的产出呢？答案是担任该岗位人员的知识和技能。而具备一定知识和技能的员工通过什么方式来取得产出呢？答案是通过在岗位中解决所面对的问题，即通过投入知识和技能、解决问题这一生产过程来获得最终的产出——应负责任。体系的逻辑关系是投入—过程—产出，即投入智能来解决问题，完成应负责任。

上述3个要素及其子要素的释义如表2-5所示。

表2-5 海氏岗位评估要素释义

付酬因素	付酬因素释义	子因素	子因素释义
技能水平	使工作绩效达到可接受的水平所必需的专业知识及相应的实际运作技能的总和	专业理论知识	对该职务要求从事的职业领域的理论、实际方法与专业知识的理解。该子系统分为八个等级，从第一级（基本的）到第八级（权威专业技术的）
		管理技能	为达到要求绩效水平而具备的计划、组织、执行、控制、评价的能力与技巧。该子系统分为五个等级，从第一级（最基础的）到第五级（全面的）
		人际技能	该职务所需要的沟通、协调、激励、培训、关系处理等方面主动而活跃的活动技巧。该子系统分"基本的""重要的""关键的"三个等级
解决问题的能力	在工作中发现问题，分析、诊断问题，权衡与评价对策，作出决策的能力	思维环境	环境对职务行使者思维的限制程度。该子因素分八个等级，从几乎一切按既定规则办的第一级（高度常规的）到只做了模糊规定的第八级（抽象规定的）
		思维难度	解决问题时对当事者创造性思维的要求，该子因素分为五个等级，从几乎无须动脑只按老规矩办的第一级（重复性）到完全无先例可供借鉴的第五级（无先例的）
承担的职务责任	职务行使者的行动对工作最终结果可能造成的影响及承担责任的大小	行动的自由度	职务行使者能在多大程度对其工作进行个人性指导与控制，该子因素包含九个等级，从自由度最小的第一级（有规定的）到自由度最大的第九级（一般性无指引的）
		职务对后果形成的作用	该子因素包括四个等级：第一级是后勤性作用，即只在提供信息或偶然性服务上出力；第二级是咨询性作用，即出主意与提供建议；第三级是分摊性作用，即与本企业内外其他部门和个人合作，共同行动，责任分摊；第四级是主要作用，即由本人承担主要责任
		职务责任	可能造成的经济正负性后果。该子因素包括四个等级，即微小的、少量的、中级的和大量的，每一级都有相应的金额下限，具体数额要视企业的具体情况而定

2.4 任职资格认证管理——考评认证评判能力匹配

在职位体系基础上,通过员工认证体系,明确人岗匹配情况,以识别员工的相对价值。其中,任职资格认证体系是员工能力识别的重要管理方法。通过任职资格管理,企业可清晰知道员工能力水平、与岗位匹配情况,以此为依据展开员工薪酬水平设计。

任职资格体系建立在职位体系基础上,与职位体系相匹配,实质是职位体系要求的能力梯子。任职资格标准是基于职位类的能力要求汇总,是基于专业线的任职能力要求。即使组织机构有调整,只要业务没有发生变化,任职资格标准还是可以保持不变的,可以保持相对的稳定性。

任职资格体系内容包括序列/子序列、任职资格等级以及任职资格标准。其中,序列/子序列划分与职位体系中的职位类/子类划分一致,任职资格等级设置与职位等级一一对应,任职资格标准是职位所要求任职条件的归类集合,如图 2-5 所示。

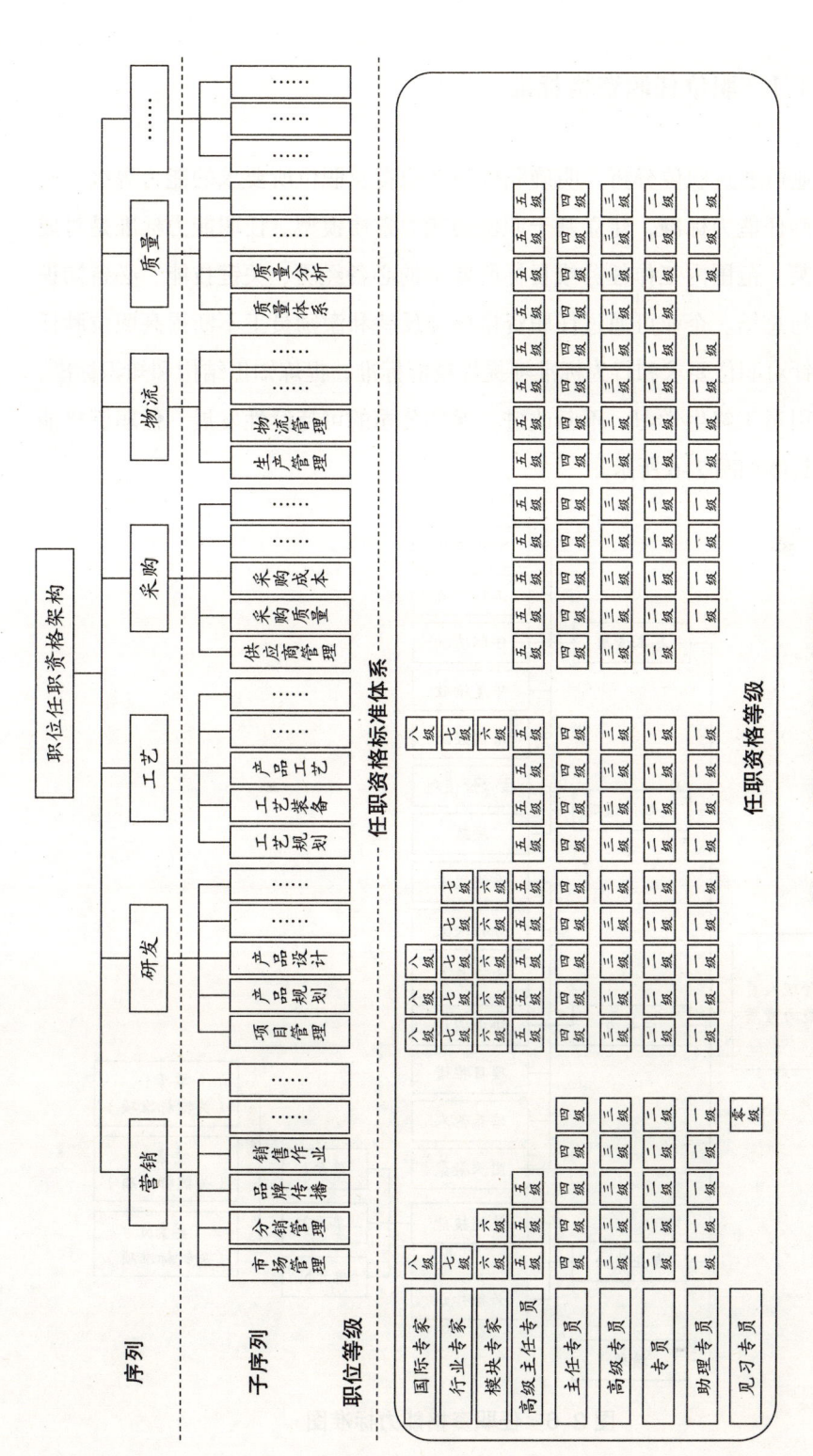

图 2-5 任职资格标准体系图

2.4.1 职位任职资格标准

企业可通过职位分析，明确职位职能职责及职位所要求的能力等级，提炼岗位胜任能力标准，建立基于职位的能力素质模型。任职能力标准是对成功完成某一范围内工作任务或目标所要求的必备经历、关键技能、必备知识的提炼与总结。企业可通过任职资格标准反映和激励员工不断提高职位胜任能力，针对职位要求和行为标准项提炼技能标准，提炼知识结构和知识标准，不断牵引员工终生学习、不断改进，保持公司的可持续性发展。任职资格能力标准具体如图 2-6 所示。

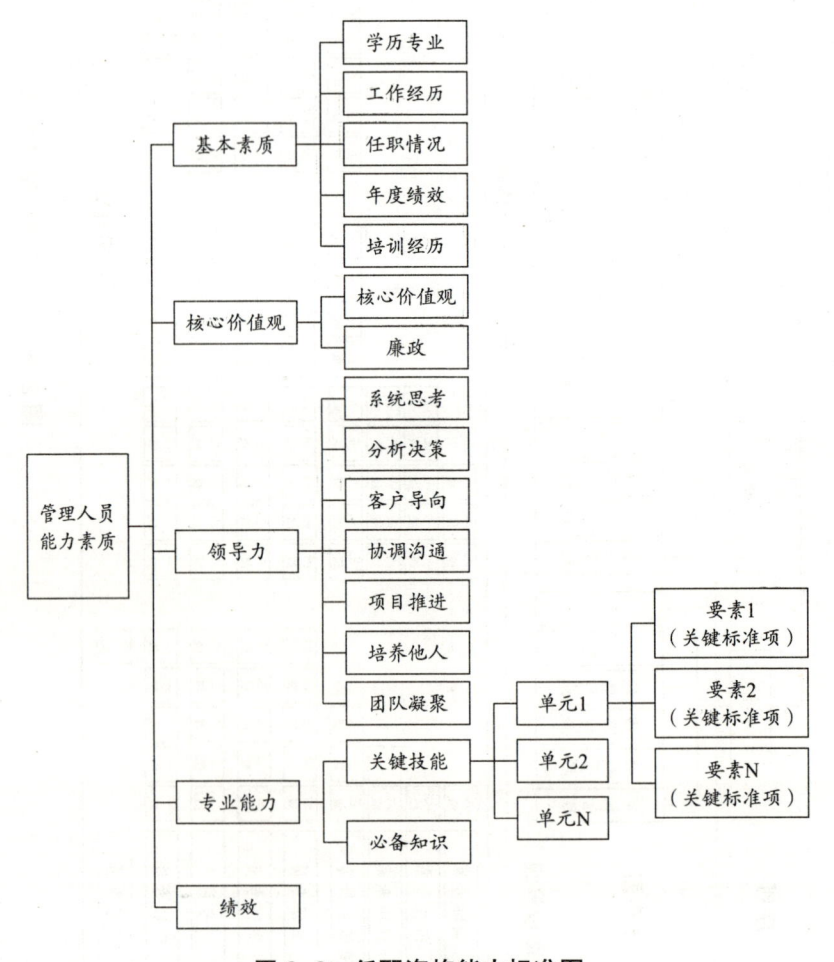

图 2-6 任职资格能力标准图

2.4.2 职位任职资格认证管理

任职资格认证依据"五公开""四依据"原则进行管理。其中,"五公开"指职位标准公开、岗位等级公开、能力等级公开、能力标准公开和认证结果公开;"四依据"指员工认证依据职位、认证评价依据标准、聘用依据认证结果和薪酬调整依据人岗匹配结果的管理理念。如图2-7所示。

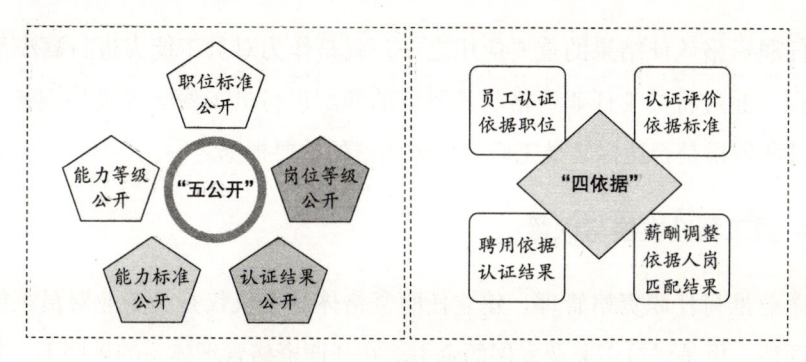

图2-7 任职资格认证依据

2.4.3 职位任职资格认证流程

企业可根据"五公开"与"四依据"的认证原则,以职位管理为基础,以任职能力为核心,关注绩效优秀的员工,并且通过以下七个步骤对员工的任职能力进行认证。

申请等级评议 → 个人申请 → 基本条件审核 → 必备知识考试 → 关键能力评议 → 结果评审 → 结果反馈

图2-8 任职资格认证流程图

2.4.4 职位任职资格应用

1. 人才盘点人员调配

企业通过人才盘点可以及时了解各系统的人才资源情况及职位匹配情况,

为人力资源调配及培训提供可靠依据。

2. 人员培训

按任职资格必备知识进行认证前培训，同时根据认证结果寻找能力差异并做进一步深入培训。

3. 员工调薪激励

任职资格认证结果的重要应用之一，就是作为对员工能力进行薪酬激励的根据。通过将员工任职资格与其职位的匹配进行员工薪酬等级的调整。因此，任职资格是否达标是员工职级薪酬调整的重要根据之一。

4. 员工晋升发展与保留

企业推行任职资格管理、建立任职资格体系不仅仅是为企业对员工能力进行评估，更是对员工职业发展的牵引。在任职资格管理体系的规则下，各级主管需要有对下属培养的标准要求。所以，企业各级主管必须承担员工培养的职责，包括和下属共同确定职业发展目标、指出能力短板、制订培养计划（Individual Development Plan，IDP）、给予培训支持、激励下属不断努力。同时，员工可在任职资格认证过程中阶段性地对自己职业发展能力作出检查、评估和总结，看到下一步的发展方向。

2.5　绩效结果管理应用——价值创造决定激励大小

绩效管理体系是整个人力资源管理系统的中枢和关键。通过绩效管理体系将职位体系、能力体系、薪酬体系、培训体系融为一体，相互促进，从而激发员工活力，提高个人和团队绩效，创造较高的业绩产出。

2.5.1　绩效评价流程

一般企业绩效评价采取 90 度评价法，即由员工的直管领导进行初评，上一级领导复评，再通过绩效评审会进行最终结果的确定。这样做的好处，一是让最了解员工工作的直管领导来评价员工；二是通过评审会来确保各组织之间评价尺度的统一，使绩效评价结果更加公平公正。图2-9为一般企业绩效评价流程。

员工填写完成情况 → 直管领导初评 → 主管领导复评 → 评审会 → 考核结果汇总 → 结果反馈

图2-9　一般企业绩效评价流程

2.5.2　常见的绩效评价方法

常见的绩效评价方法有目标管理法、关键绩效指标法、等级评估法、平衡计分卡、360度考核法等，具体内容如表2-6所示。

表2-6　常用绩效评价方法具体内容

绩效评价方法	具体内容
目标管理法	通过将组织的整体目标逐级分解至个人目标，最后根据被考核人完成工作目标的情况来进行评价的一种绩效评价方式
关键绩效指标法	以企业年度目标为依据，通过对员工工作绩效特征的分析确定反映企业、部门和员工个人一定期限内综合业绩的关键性量化指标，并以此为基础进行绩效评价
等级评估法	根据工作分析，将被考核岗位的工作内容划分为相互独立的几个模块，在每个模块中用明确的语言描述完成该模块工作需要达到的工作标准。同时，将标准分为几个等级选项，如优、良、合格、不合格等，考核人根据被考核人的实际工作表现对每个模块的完成情况进行评估，总成绩便为该员工的绩效成绩
平衡计分卡	从企业的财务、顾客、内部业务过程、学习和成长四个角度进行评价，并根据战略要求给予各指标不同的权重，实现对企业的综合测评，从而使得管理者能整体把握和控制企业，最终实现企业的战略目标
360度考核法	通过上级、同事、下属、本人和顾客对被考核者进行评价的一种评价方法

2.5.3 绩效在薪酬与人事方面的应用

绩效结果的应用范围广泛，可以帮助管理人员进行人力资源管理决策，如薪酬调整、奖金发放、职务晋升、调配、辞退等，还可以为员工本人在绩效改进、职业生涯发展等方面提供借鉴。相反，如果绩效结果得不到合理的运用，那么绩效管理对员工业绩和能力提升的激励作用将会大打折扣。

2.6 员工职业生涯发展——有前途有钱挣共享双赢

员工职业生涯发展规划是指通过员工的工作及职业发展设计，协调员工个人需要和企业组织需求，实现个人和企业的共同成长和发展。公司帮助员工设计职业发展计划，为员工提供适当的教育、培训、轮岗和晋升等发展机会，满足员工的职业发展愿望，进而实现组织与员工的共同成长、共同受益。

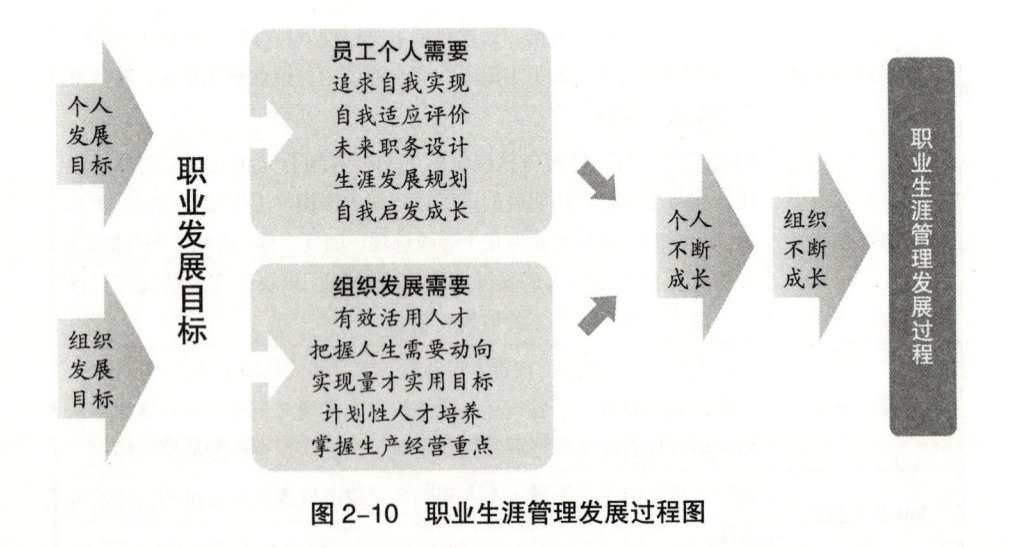

图 2-10 职业生涯管理发展过程图

2.6.1 员工职业生涯管理六个步骤

确定目的和计划 → 组建工作小组 → 员工面谈 → 职业生涯路线图规划 → 人才培养及晋升实施 → 反馈评估

图 2-11 职业生涯管理流程图

2.6.2 员工职业生涯发展机制

按照员工职业生涯发展的特点，其主要有两个发展方向，一是提高员工专业能力水平，按照专业技术人才发展；二是增加员工能力的广度，按照全面的方式培养。员工职业生涯发展机制可总结为以下三种。

1. 专业技术认证机制

通过专业技术任职资格认证工作，识别员工能力发展，培养各业务的专业人才。专业技术人员发展一般分为新手、熟手、骨干、专家、高级专家、资深专家六个阶段。通过任职资格认证机制，不断牵引员工发展。

表 2-7 专业技术人员级别定义

角色	级别	定义
资深专家	六级	能够洞悉本领域的发展方向，并提出具有战略性的指导思想，或能够提出本领域重大体系项目的变革方向和战略思想
高级专家	五级	精通本专业多个领域的知识和技能；能够准确把握本领域的发展趋势，指导整个体系的有效运作，能够指导本领域内的重大、复杂的问题解决，或能够承担本领域重大体系项目的策划、推动和执行
专家	四级	精通本专业某一领域的知识和技能，熟悉其他领域的知识；能够指导本领域内的一个子系统有效地运行，对于本子系统内复杂的、重大的问题，能够通过改革现有的程序/方法来解决，熟悉其他子系统运作，或能够承担本领域重大项目多个系统的策划、推动和执行

续表

角色	级别	定义
骨干	三级	具有本专业某一领域全面的良好的知识和技能，在某一方面是精通的；能够独立、成功、熟练地完成本领域一个子系统的工作任务，并能有效指导他人工作，或能够承担本领域重大项目某一范围的策划、推动和执行
熟手	二级	具有本专业基础的和必要的知识、技能，这些知识和技能已经在工作中多次得以实践；在适当指导的情况下，能够完成多项或复杂的业务，在例行情况下能够独立运作；或能够独立操作执行本领域中小项目或较大项目中某一模块，独立完成所负责业务范围的项目要求
新手	一级	具有本专业的一些基本知识或单一领域的某些知识点；在适当指导下能够完成单项或局部的业务

2. 培养晋升

企业应建立良性的轮岗机制，一方面能够使员工熟悉多项业务知识和技能，促使员工全面掌握相关业务知识、操作流程和操作技巧，提高员工的应用能力，成为复合型多面手；另一方面能够激发员工工作创造性，提高工作活力。

表 2-8　员工轮岗培养模式

轮岗类型	目的	内容
新员工巡回轮换	使员工在部门内尽快了解到工作全貌，同时也为了进一步进行适应性考察，为以后工作中的协调配合打好基础	新员工在就职训练结束后，根据最初的适应性考核被分配到不同部门去工作，让他们在各个工作岗位上轮流工作一段时间，亲身体验不同岗位的工作情况，最后再确定他们的正式工作岗位
培养"多面手"员工轮换	适应日益复杂的经营环境，当经营方向或业务内容发生转变时，能够迅速实现转移	为了适应公司业务发展，要求员工不仅要掌握单项专长，而且必须是"多面手""全能工"。企业有意识地安排员工轮换做不同的工作，开发其潜在能力，以获取多种技能，适应复杂多变的经营环境

续表

轮岗类型	目的	内容
培养经营管理骨干轮换	从企业长远发展考虑，对高层管理人员来说，应当具有对企业业务工作的全面了解和对全局性问题的分析判断能力	管理人员在不同部门间横向移动，开阔眼界，扩大知识面，并且与企业内各部门的同事有更广泛的交往接触。这种培养以班组长、科长、部门经理级干部为主，轮换周期一般为2—5年不等

3. 管理者竞聘机制

通过竞聘上岗机制，企业可以发掘内部优秀人才，公开公正选拔管理人才，使优秀人才脱颖而出，促进员工在公司各部门、分公司之间合理流动，对人力资源进行有效配置，实现人岗匹配和员工职业发展。

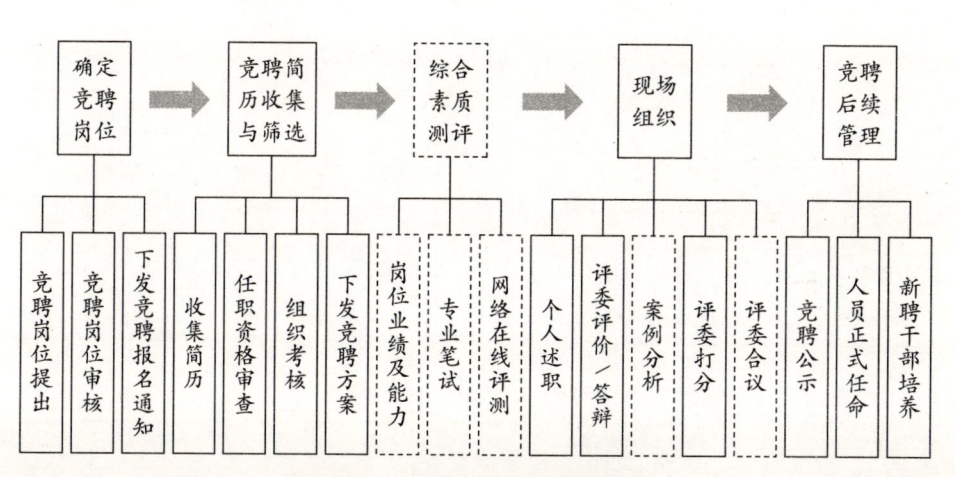

确定竞聘岗位 → 竞聘简历收集与筛选 → 综合素质测评 → 现场组织 → 竞聘后续管理

- 确定竞聘岗位：竞聘岗位提出、竞聘岗位审核、下发竞聘报名通知
- 竞聘简历收集与筛选：收集简历、任职资格审查、组织考核、下发竞聘方案
- 综合素质测评：岗位业绩及能力、专业笔试、网络在线评测
- 现场组织：个人述职、评委评价/答辩、案例分析、评委打分、评委合议
- 竞聘后续管理：竞聘公示、人员正式任命、新聘干部培养

图 2-12　管理者竞聘管理流程图

第三章
薪酬政策制度管理体系
——掌握政策管理得心应手

俗话说"没有规矩，不成方圆"。企业无论规模大小，都应建立规范的薪酬管理制度。作为一个薪酬管理者，做好薪酬管理的首要任务是了解并掌握企业的薪酬制度体系。

3.1 薪酬政策制度体系——薪酬管理规范准绳

员工薪酬的评定与支付要有相应的政策制度来规定，特别是作为一个薪酬发放专员，对薪酬政策的了解及掌握是必备能力，一个完整的薪酬管理体系包括以下内容，具体见图3-1。

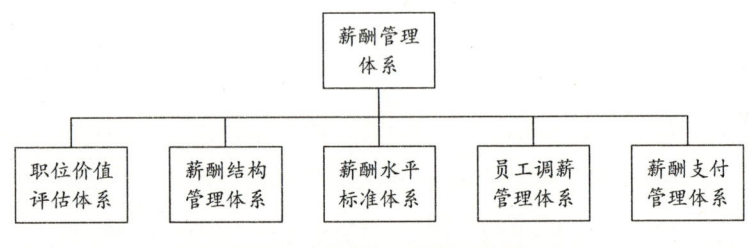

图3-1 薪酬管理体系框架图

1.职位价值评估体系

职位价值评估体系针对每个职位所要求的知识、技能、工作职责等相关维度进行价值评估，根据评估结果将所有职位归入不同的价值等级，每个价值等级包含若干综合价值相近的一组职位，然后根据市场上同类职位的薪酬水平确定每个价值等级的薪酬等级，并在此基础上设定每个薪酬等级的薪酬区间。

职位价值体系主张依据职位价值大小支付薪酬，前提是每个职位都有明确内涵，这些内涵决定了这个岗位的价值。以职位价值为主的付薪理念是建立在职位价值评估基础上的，员工薪酬随着职位的变化而变化，员工担任什么样的职位，就应得到什么样的报酬。

2. 薪酬结构管理体系

薪酬是由多个薪酬子项目组成的，不同的薪酬激励文化与策略决定了各子项目在薪酬总额中占比不同。

3. 薪酬水平标准

薪酬水平的确定是薪酬管理的核心，设计水平的高低决定了其市场竞争力的强弱，以下为某企业的薪酬水平标准体系。

表 3-1　某企业薪酬水平标准体系

等级	月度工资标准（元）	年度奖金标准（元）	法定福利标准（月度社保、公积金）	企业自主福利标准	年度收入合计（元）	市场分位
一级	5000	10000	2145	500	96240	50
二级	8000	15000	3432	800	152984	50
三级	11000	20000	4719	1100	209728	75
四级	14000	40000	6006	1400	281472	75
五级	17000	80000	7293	1700	373216	75
六级	20000	100000	8580	2000	444960	75
七级	23000	150000	9867	2300	546704	75
八级	26000	200000	9918	2600	633616	90
九级	29000	250000	9918	2900	719916	90
十级	32000	300000	9918	3200	806216	90

福利标准（元）列含：法定福利标准（月度社保、公积金）、企业自主福利标准

4. 员工调薪管理体系

调薪管理体系包括薪酬政策调整管理体系和员工个人调薪管理体系，具体如表 3-2 所示。

表 3-2　员工调薪管理体系

调整机制	政策调整管理体系	员工个人调薪管理体系		
	政策整体调薪	员工绩效评价调薪	员工岗位变动调薪	员工特殊通道调薪
调整周期	2—3 年	0.5—1 年	根据岗变薪变原则调薪	按需
调整对象	全部人员	上年度业绩考评合格及以上员工	岗位发生变动的员工	特殊人员
调整依据	• 外部人才市场供给变化情况 • CPI 情况 • 外部人才市场薪酬变动情况 • 企业经营发展情况 • 关键人才流失与员工薪酬满意度情况 • 人均效率与人事费用率匹配情况 • 企业财务收益可支付能力情况	• 组织绩效完成情况 • 个人绩效完成情况 • 薪酬包	• 岗位变动情况 • 岗位价值差异 • 个人的胜岗度 • 薪酬包	• 人才特殊性 • 薪酬包

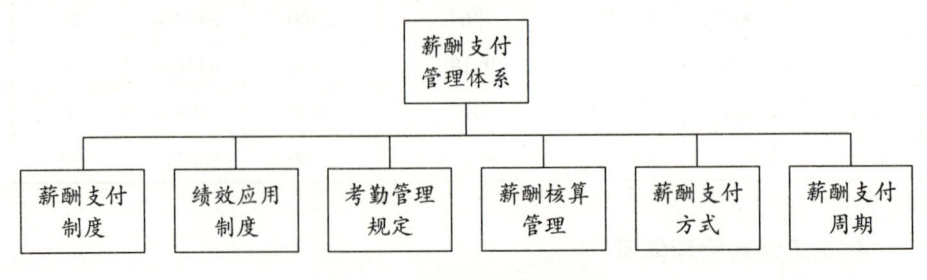

5. 薪酬支付管理体系

薪酬支付管理体系既要遵守相关法律法规，又要兼顾企业的绩效管理体系及薪酬支付管理办法，在此基础上进行薪酬核算，保证薪酬按期支付。

图 3-2　薪酬支付管理体系

3.2 绩效应用管理体系——绩效决定最终分配

绩效管理是否有效,很关键一点就在于绩效评估结果的应用。如果应用不充分,绩效考核对员工激励作用就得不到充分体现,其作用一方面体现在调薪上,另一方面体现在绩效工资的分配和发放上。

表 3-3 绩效结果薪酬应用示例

绩效应用	绩效等级 分布比例	A ≤ 15%	B ≤ 80%	C ≥ 15%	D ≥ 5%
薪酬管理应用	调薪情况	高于平均调整幅度的调薪	按平均调薪幅度或低于平均调整幅度的调薪	不予调薪	
	月度/季度薪酬发放	绩效工资系数 1.1	绩效工资系数 1	绩效工资系数 0.9	绩效工资系数 0.8
	年度奖金发放	高于平均系数的奖金发放	按平均系数的奖金发放	低于平均系数的奖金发放	不予发放

3.3 考勤休假管理制度——核算薪酬扣发依据

考勤管理是人力资源日常管理的基础工作之一。考勤主要用于全面客观地反映和记录员工出勤、加班、出差、年休假、病假、事假、迟到、早退、旷工等信息。而这些信息结合相关法律法规就构成了工资计扣的基础依据。以下为某公司考勤奖惩具体规定。

案例 3.1：某企业考勤奖惩制度

表 3-4　某企业考勤奖惩制度

考勤类型		工资计发规则
事假		扣除：月度评岗工资 / 工作天数 × 请假天数
病假	30 天以内	扣除：月度评岗工资 ×30% / 工作天数 × 请假天数
	30 天以上	发放地方政府规定的最低工资标准 ×80%
工伤	停工留薪期内	享受原工资福利待遇
	停工留薪期满未出勤	按病假工资处理，如与属地政策不符，按属地政策执行
婚假	法定婚假	带薪
丧假		带薪
产假	计划生育手术、生育期间（符合计划生育规定）	发放最低工资标准，生育津贴报销完后，扣除公司产假期间发放的工资
公假		带薪
带薪年休假		带薪
旷工		月度评岗工资 / 工作天数 × 旷工天数
全勤		正向激励 500 元 / 月
代打卡		扣除当月绩效工资，严重者予以解除劳动合同

3.4　薪酬调整管理制度——调薪有规激励有度

任何企业的薪酬管理都不是一成不变的。这是因为，企业所处的环境是不断变化的，人才需求环境在不断变化，企业自身发展也不断变化。企业要适应这些变化必须不断优化自己的薪酬政策，调整员工的薪酬。

3.4.1　薪酬调整的目的

薪酬调整的目的在于确保员工工作能力与岗位薪酬相匹配，保证企业内部薪酬的公平性，实现薪酬管理科学化，为适应公司持续发展的需要提供依据，在保持与社会薪酬基本持平的情况下，保证关键岗位的竞争力。

3.4.2 薪酬调整的分类

1. 以岗位为依据调薪

工作岗位以工作分析为前提，以工作职务或岗位对知识、技能、体力、劳动环境等方面的要求作为确定员工工作报酬的依据之一，工资的等级和标准按照工作岗位确定，可以从复杂程度、劳动强度、劳动条件、责任大小等方面来做具体规定。当员工的工作岗位调整，其薪酬也要进行相应的调整。

2. 以能力为依据调薪

以能力为依据调薪是根据员工的实际技能和能力来调整员工工资额度。只要员工的能力有变化，其薪酬也应有相应变化。

3. 以绩效为依据调薪

以绩效为依据调薪是根据员工绩效优劣来调整员工工作报酬。绩效优秀的员工，工资理应得到较高幅度的调整。

4. 以市场为依据调薪

以市场为依据调薪是根据市场价格调整员工工作报酬的一种制度。为保证本企业的薪酬具备市场竞争力，吸引和留住人才，企业应根据市场变化对本企业薪酬进行适时的调整，具体包括根据 CPI 等的变化进行整体调整，根据人才竞争力进行差异性调整。

3.5 员工关系管理制度——入职离职付薪管理

员工关系管理是指依据国家或地区相关法律法规及企业规章制度，通过科学、合法的手段合理处理劳动者和企业在劳动过程中产生的关系。一方面，在企业员工关系管理中，薪酬是最重要的问题，绝大多数企业与员工的劳动争议要落到实处，最关键就是薪酬问题得到解决。另一方面，员工关系管理也是最终落实薪酬管理关键环节的手段，如起薪时间、发放时间、停止时间等。

新员工入职、现员工离职等，通常会对以下问题产生疑问，包括起薪日、停薪日、社保公积金缴纳时间及停缴时间、考勤与绩效核算、年终奖核算等。

为规范员工入职、离职薪酬发放规定，需制定员工工资支付管理制度，使各项付薪规定合理化、规范化。

案例3.2：某企业入职、离职付薪管理

表 3-5 某企业入职、离职付薪管理

类型	日期	社保	公积金	工资	年休假
入职	当月20日前	缴纳当月社保	缴纳当月公积金	月度评岗工资/工作天数 × 出勤天数	按照入职月数核算当年年休假
入职	当月20日后	视出勤情况缴纳	视出勤情况缴纳	月度评岗工资/工作天数 × 出勤天数	按照入职月数核算当年年休假
离职	当月10日前	视出勤情况缴纳	视出勤情况缴纳	月度评岗工资/工作天数 × 出勤天数	未休完年休假的，给予每天3倍工资
离职	当月10日后	缴纳当月社保	缴纳当月公积金	月度评岗工资/工作天数 × 出勤天数	未休完年休假的，给予每天3倍工资

3.6 福利政策体系管理——福利保障激励管理

福利是员工的间接报酬。与奖励不同，福利是所有员工均能享受的待遇，是全面薪酬的重要组成部分。企业福利一般包括法定福利体系和企业自主福利体系两部分，而企业自主福利又包括有行政法规可参照的福利和完全由企业自主度量的福利两种。

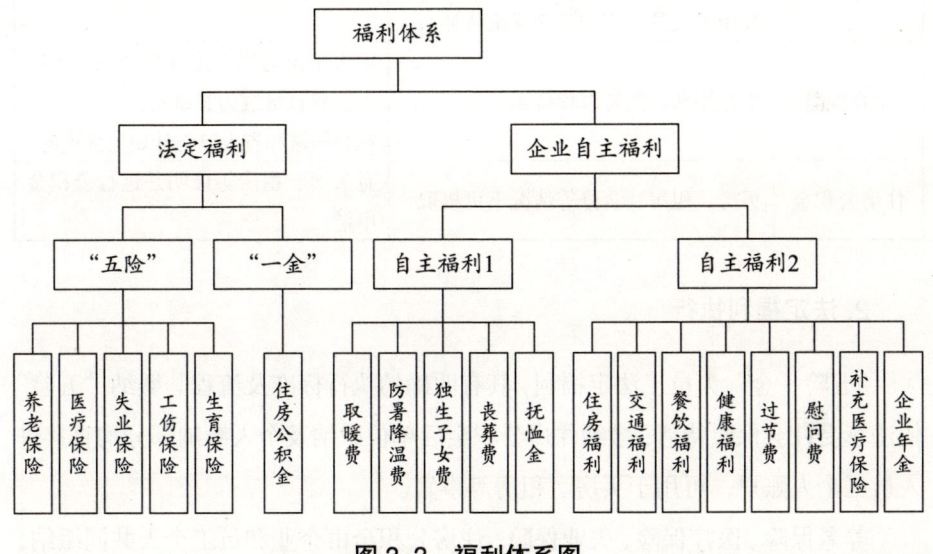

图 3-3 福利体系图

3.6.1 法定福利体系

1. 法定福利体系

法定福利是政府通过立法要求企业必须提供的福利，属于政府主导的公共事务，其目标在于改善全体社会成员的生活质量。法定福利主要指"五险一金"。"五险"是指养老保险、医疗保险、失业保险、工伤保险及生育保险，而"一金"指住房公积金。"五险一金"在保障企业员工生活方面发挥着重大作用，具体如下：

表3-6 法定福利项目

科　目	作　用	享受条件
养老保险	提供养老待遇，员工退休后可按月领取退休金	达到退休年龄，累计缴费满15年
医疗保险	医疗费用的报销	医疗卡、医疗存折
失业保险	对因失业而暂时中断生活来源的劳动者提供物质帮助	员工合同期内非自愿被单位辞退；双方合同期满，不续签合同
工伤保险	职工因工作原因遭受意外伤害或者患职业病，从而造成死亡、暂时或者永久丧失劳动能力时，给予职工及相关人员一定的工伤保险待遇	工伤认定及申报
生育保险	生育津贴、生育医疗待遇	用人单位为职工累计缴费满1年以上，并且继续为其缴费；符合国家和省人口与计划生育规定
住房公积金	买房、租房、装修等情况下可提取	有买房、租房等证明并进行公积金申请

2. 法定福利执行

"五险一金"为员工法定福利，其有明确的执行标准及流程。缴纳"五险"依法享受社会保险待遇；缴纳住房公积金后单位缴纳及个人缴纳部分均直接进入员工个人账户，可用于买房、租房等事宜。

养老保险、医疗保险、失业保险、住房公积金由企业和员工个人共同缴纳，工伤保险、生育保险则完全由企业缴纳，员工无须缴纳。

"五险一金"缴纳金额＝缴纳基数×缴纳比例。

（1）缴纳基数

缴纳基数为员工本人上一个自然年度的月平均工资，新入职人员则按照其参加工作第一个月的工资标准缴纳。同时，为避免缴纳基数差异悬殊，政府给予其上下限的限制，具体如下：

表 3-7 "五险一金"缴纳基数

缴纳基数 法定福利	上限	下限
养老保险 失业保险	属地社会平均工资的300%	属地社会平均工资的40%
工伤保险 医疗保险 生育保险	属地社会平均工资的300%	属地社会平均工资的60%
住房公积金	属地社会平均工资的300%	职工工资扣除职工住房公积金月缴存额后，不得低于属地最低工资标准

（2）缴纳比例

缴纳比例按照属地法律规定执行，各地有不同的标准。以下为2017年全国部分地区"五险一金"的缴纳比例。

案例3.3：2017年北京、山东、湖南、广东地区"五险一金"缴纳比例

表 3-8　2017年北京、山东、湖南、广东地区"五险一金"缴纳比例总结

| 地区 | 养老保险 | | 医疗保险 | | 失业保险 | | 工伤保险 | 生育保险 | 公积金 | |
	单位缴纳	个人缴纳	单位缴纳	个人缴纳	单位缴纳	个人缴纳	单位缴纳	单位缴纳	单位缴纳	个人缴纳
北京	19%	8%	10%	2%+3	0.80%	0.20%	行业资率	0.80%	12%	12%
山东	18%	8%	7%	2%	1%	0.50%	1%—1.2%	1.00%	9%	9%
湖南	20%	8%	8%	2%	2%	1.00%	1.20%	0.70%	9%	9%
广东	13%	8%	6%	2%	1%	0.20%	0.90%	0.50%	9%	9%

3.6.2　自主福利体系1

1. 自主福利体系1的构成

自主福利体系中有部分福利项目具有特殊性，如取暖费、防暑降温费、独生子女费、丧葬费、抚恤金等。这些福利项目没有企业必须承担的强制性规定，但有相关属地行政性文件对其标准进行了明确界定。

2. 自主福利 1 执行

经济实力较好的企业，如国企或一些有兼并重组历史的企业，会为员工提供此类福利项目。由于此类福利有明确的标准规定，一般企业都按照不低于属地政策规定的标准执行。

案例 3.4：北京属地相关福利政策规定

表 3-9　北京属地相关福利政策规定

福利项目	行政规定	
	规定名称	规定内容
取暖费	《关于冬季职工宿舍补贴发放办法的通知》 《北京市居民住宅清洁能源分户自采暖补贴暂行办法》 《关于北京市机关事业单位职工住房补贴计发及有关纪律规定等问题的通知》 《关于调整体退休人员冬季取暖补贴标准及明确供养直系亲属医药费报销渠道有关问题的通知》	不同级别人员按不同住房面积标准和供暖单价核算
防暑降温费	《卫生部、劳动和社会保障部、国家安全监管总局、全国总工会关于进一步加强工作场所夏季防暑降温工作的通知》 《个人所得税实施条例》	高温岗位 540 元 非高温岗位 360 元
计划生育补贴	《北京市人口与计划生育条例》	托补 40 元/月（0—6 周岁） 医药补 20 元/月（0—18 周岁） 国家强制性补贴 5 元/月（0—18 周岁） 奖励费 1000 元（员工退休时发放）
丧葬费	《关于调整我市职工丧葬补助费开支标准的通知》	不分职务级别，职工丧葬费的开支标准一律为 5000 元，企业在职职工丧葬补助费按规定据实在成本（费用）中列支
抚恤金	《北京市劳动和社会保障局、北京市财政局关于调整企业职工因病或非因工死亡后供养直系亲属救济费标准的通知》	企业职工和退休人员因病或非因工死亡后，根据供养直系亲属的人数，分别给相当于全市最低工资 6 个月（1人）、9 个月（2人）、12 个月（3人及以上）的救济费

3.6.3 自主福利体系 2

1. 自主福利体系 2 的构成

除以上两类福利之外，还有一类真正意义上的企业自主福利。真正意义上的自主是指提不提供福利完全由企业自主决定，设定什么标准也完全由企业自主决定。目前，企业普遍提供的福利项目包括住房类、交通类、餐饮类、健康类、节日类、员工慰问类、子女教育类等。

2. 自主福利 2 执行

真正意义上的企业自主福利体系庞大，形式也多种多样，企业可根据自己的实际情况决定福利的类型及标准。

案例 3.5：某企业自主福利项目构成

表 3-10 某企业自主福利项目

福利类型	住房类		交通类		餐饮类		健康类	节日类				员工慰问类				子女教育类	
福利项目	单身公寓	租房补贴	安家费	免费班车	交通补助	餐饮补贴	加班餐	员工体检	春节过节费	中秋过节费	妇女节礼品	儿童节礼品	生日礼品	结婚慰问	生育慰问	生病慰问	退休慰问	困难慰问	入学入托费用	教育费用报销

3.6.4 福利实施管理

企业给员工提供福利具有积极意义，可以协助激励员工更好地为企业工作，但福利发放不当就会适得其反。由此可见，福利是把"双刃剑"。要发挥福利的积极作用，避免不利影响，企业应注意以下五个方面。

1. 适当杜绝平均主义

福利发放平均主义意味着员工所获福利不与员工的工作绩效相联系，即福利面前，人人有份。这样的福利制度虽然没有员工抱怨，却不能在激励员工方面发挥任何作用。在福利发放过程中适当杜绝平均主义，优先考虑高绩效员工的需求，可有效激发员工活力，发挥福利最大价值。

2. 设置弹性福利

一般企业福利项目的设置一经固定就多年不变，更谈不上创新。同时，已设置的福利项目标准和比例也是长期固化，无福利弹性可言，如此的福利安排根本无法有效激发员工活力。

3. 建立温馨的福利文化

对员工而言，福利是企业应该给予自己的。对企业而言，很少想过用福利来激励员工，甚至认为福利根本没有激励作用。设想企业在员工生日当天送给员工蛋糕，是让员工领走蛋糕就完事，还是保持与员工思想的沟通、情感的交流更好呢？显然后者更好。企业提供福利的过程体现了不同的福利文化，也给了员工不同的感受。

4. 保证有效的福利沟通

员工不参与福利决策，福利决策权完全在企业，企业难免会遭遇管理难题。保持福利沟通就是为了真正了解员工需求，解决员工需求，而不是仅仅提供福利形式。

5. 增强员工对福利价值的认识

从企业方面看，承担着日益上升的福利费用的压力；从员工角度看，绝大多数员工对他们所得到的福利价值缺乏正确认识。很多人认为自己所得的福利微不足道，究其原因，主要是企业未进行福利政策的宣传，致使享受了福利待遇的员工不知道他们得到了什么或低估了企业为之付出的巨额成本。

第四章

员工薪酬福利发放技法
——准时准确发放薪酬福利

4.1 如何选择计发系统——选好用好工具事半功倍

薪酬管理系统是企业管理薪酬的主要工具之一,可帮助企业进行薪酬核算、工资报表制定、工资信息统计分析。薪酬计发软件选择的好坏与薪酬管理工作的效率及质量息息相关。

4.1.1 薪酬计发系统软件功效

薪酬计发软件是人力资源管理系统软件的关键模块之一,通过关联各个信息管理模块实现薪酬福利数据的高度集成,满足企业工资核算和工资日常管理工作的需要,是企业人力部门薪酬计发主管轻松计发工资的好帮手。

薪酬计发软件充分考虑企业在工资及福利管理上的同质性和异质性。企业根据自己的需要通过新建工资项目或重构已经存在的工资项目,包括所有和薪酬相关的项目。不同的薪酬计发主管可以根据本月工资实际发放需求挑选不同的工资项目构成一个工资套账,定义工资套账中各个项目的计算关系,为不同的员工设计不同的工资发放方案。

以前很多企业使用薪酬计发软件主要用于工资发放及工资单查询等,现在薪酬计发软件已经通过系统升级,功能更加强大,其主要功能包括工资管理、工资审核、工资发布、工资发放、工资单查询、工资报表统计分析等。

4.1.2 薪酬计发系统软件选择

目前，企业的计发软件按类别可分为国产和国外引进两种，采用薪酬国外引进的软件以 SAP 和 Oracle 为主。两者的功能及个性特点存在很大差异，在使用过程中各自的优缺点也相应地显现出来。

表 4-1　SAP 和 Oracle 的优缺点及适用对象

系统类型	优点	缺点	适用对象
SAP	1. 集成化高，SAP 把逻辑上相关联的部分连接在一起，重复工作和多余数据完全被取消； 2. 模块化强，SAP 的模块结构使用户既可以一个个地选用新的实用程序，也可以完全转入一个新的组织结构体系	实施的难度高，复杂性强，实施成本高，对用户要求较高	规模较大、追求严谨的企业
Oracle	1. 系统灵活和开放，在丰富的行业经验基础上开发的优秀业务模型以及标准流程和功能可满足客户的需求； 2. 提供清晰的业务流程，可以帮助企业在进行薪酬计发的同时理顺业务流程	缺乏足够的业务流程模板和软件功能的支持，无法满足企业管理上的要求	业务复杂、个性化管理的企业

薪酬管理系统顺应了时代发展，它的出现带来了一系列薪酬计发管理的变革：

1. 代替之前手工使用 excel 表核算工资、制作报表。

2. 简化了员工考勤台账、薪酬管理台账、收入明细台账等一系列电子表格及纸质存档文件。

3. 提高了薪酬主管的工作效率及准确性，使员工查看工资单更便捷。

4. 管理薪酬相关报表和审核薪酬发放相关内容更加快捷。

5. 解放了日常工作，让薪酬主管有更多时间、精力来关注薪酬激励分析和管理控制。

4.2 厘清薪酬福利科目——项目计发不错不漏技法

企业薪酬福利包含的项目主要有工资、奖金、福利，按照具体项目进行细分列表管理，具体如下表所示：

表 4-2　薪酬福利科目明细表

科目		主要内容	发放周期
薪酬科目	月度工资 基本工资	区别于岗位工资的另一种基本工资，有些单位也叫固定工资	月度发放
	岗位工资	根据岗位价值评估和岗位层级确定岗位工资标准	
	学历工资	根据学历高低制定不同的工资标准	
	工龄工资	为了提高员工满意度和忠诚度，设置工龄工资，根据员工在本单位工作的时间增长而增长	
	技能工资	技能工资更加注重操作性，而技能工资除了注重操作性之外，还需要有大量的知识，如车工、钳工或宝石加工技能工人	
	提成工资	销售业务人员根据销量及业务额按照固定的百分比提成，以此激励员工的积极性，销量越高，工资越高	
	绩效工资	绩效工资是将员工的薪酬收入与企业的组织绩效、个人绩效挂钩，根据不同层次、不同职位设计不同的绩效工资水平，并与最终绩效结果考核发放	
	考勤奖惩	企业根据员工出勤情况而给予的奖励或扣款（与奖惩对应）	
	年度奖金 奖金	企业为激励员工，在年度薪酬总额设计时，在总额中设计一部分薪酬作为奖金，在年中或年底通过绩效分配发放的奖励	季度或年度发放
	分红	这里所说的分红不是股东的分红，而是股东拿出一部分钱分给员工	
	中长期激励 股票/期权	股票期权是指公司授予激励对象在未来一定期限内以预先约定的价格（即行权价格）和条件购买公司一定数量股票的权利	3—5 年不定

续表

科目		主要内容	发放周期
福利科目	法定福利 — "五险一金"	养老保险、失业保险、医疗保险、工伤保险、生育保险和住房公积金（简称"五险一金"）为国家的法定福利，其中养老保险、失业保险、医疗保险和住房公积金由单位和个人按照不同比例共同承担，工伤保险和生育保险由单位全部承担	月度发放
	法定带薪休假	法定节假日，如婚假、丧假、产假、哺乳假、工伤假、病假、年休假等	
	企业自主福利 — 补充保险	企业为了提高员工满意度，给员工增加一些补充养老保险、人寿保险、健康保险、意外保险、医疗保险等福利，提高员工的福利待遇	
	生日礼品	体现企业的人文关怀，在员工生日的时候给员工发放购物卡、蛋糕卡或者在工资中体现生日礼品费等	年度发放
	交通补贴	企业根据不同的人员类别设置不同的补贴标准，提高员工的福利水平，既保证员工的生活水平，又提高员工对企业的满意度和忠诚度	月度发放
	通信补贴		
	餐饮补贴		
	住房补贴		
	其他带薪休假等	弹性工作制、生日假、特别休假等	

企业薪酬主管可以按需制定员工的薪酬福利科目表，每月按表内科目进行梳理。

4.3 梳理薪酬关联信息——员工发薪不错不漏技法

4.3.1 员工薪酬管理信息

薪酬主管要对新进员工、在册员工、在册不在岗员工和离职员工（含正在办理离职和已离职员工）的信息及时梳理更新，以确保员工个人信息准确无误。具体可参照表 4-3 进行梳理：

表 4-3 员工个人信息示例表

信息类型	信息科目	信息明细	信息管理
个人基本信息	姓名	员工个人信息录入要准确，涉及员工个人所得税申报	员工入司时更新
	性别		
	身份证号		
	毕业时间	用于计算员工工龄和在职时间，主要用于计算奖金和年休假天数等	
	进入公司时间		
个人变动信息	职位/职务	员工在公司职位变动，相对应职级的工资和奖金带宽、福利待遇标准都会随之变动	月度及时更新
	任职资格等级		
	工资岗级		
	奖金标准		
	福利标准		
	银行卡	用于发放工资和奖金	
绩效考核奖惩信息	绩效	组织绩效和个人绩效系数	按绩效管理周期录入
	相关奖惩	各相关考核管理部门输出奖惩的金额	月度更新
薪酬发放其他信息	社保/公积金缴纳基数	年度收入水平、缴纳情况变动、缴纳人员增减信息	年度更新
	纳税信息	员工应根据税法依法缴纳个人所得税	根据国家政策调整周期更新
	固定性增减	不会经常变动的工资性科目，比如交通补贴、通信补贴、住房补贴等	岗位、职级变动时更新
	变动性增减	不同的月度会发生相应的变动，比如过节费等	月度更新

4.3.2 信息录入注意事项

1. 社保和公积金录入

社保和公积金的录入关键在于基数、单位和个人的缴纳比例以及社会平均工资的上下限等。以北京为例，单位和个人缴纳比例如表 4-4 所示：

表 4-4　2017 年北京市社会保险、住房公积金单位个人缴费比例表

类别	单位比例	个人比例	基数核定	基数下限	基数上限
养老保险	19%	8%	北京市上年度职工月平均工资	上年度职工月平均工资 40%	上年度职工月平均工资 300%
失业保险	0.8%	0.2%			
医疗保险	10%	2%+3		上年度职工月平均工资 60%	
工伤保险	行业费率	0			
生育保险	0.8%	0			
住房公积金	12%	12%		最低工资标准	

新招聘人才及应届毕业大学生入职，以入职月度工资标准为社保和公积金的缴纳基数。

2. 工资标准录入

每月在规定时间内，将员工工资标准变动情况准确录入系统。

3. 最低工资标准

最低工资标准是指劳动者在法定工作时间或依法签订的劳动合同约定的工作时间内提供正常劳动的前提下，用人单位依法应支付的最低劳动报酬。

最低工资不包括：

（1）延长法定工作时间工资。

（2）夜班、高温、低温、井下、有毒有害等特殊工作环境、条件下的津贴。

（3）伙食补贴、上下班交通费补贴、住房补贴。

最低工资标准 = 工资额（不低于最低工资标准）+ 加班工资 + 津贴/补贴 − 社保公积金个人部分。

4.4　薪酬发放准备技法——薪酬计发准备充分技法

薪酬发放前需确定工资明细表科目、员工基本信息、考勤情况以及工资卡号等，按照工资发放规则制作工资明细表及汇总表，并及时报批后提交财

务部门，确保工资按时发放。

4.4.1 工资表制作准备工作

薪酬主管在进行薪酬发放前可以参照表4-5做好准备工作并逐项验收。图表中发放薪酬时间为每月25日，各科目准备完成时间可根据本企业实际发放工资日期进行确定。

表4-5 工资发放准备情况示例表

项目	子项目	准备内容	准备截止时间	验收确认 已就绪	验收确认 未就绪
个人信息	人员基本信息录入	录入信息	15日	√	×
个人信息	薪酬相关信息录入	录入信息	15日	√	×
个人信息	薪酬调整人员信息更新	薪酬调整名单	15日	√	×
奖惩汇总	专项激励	专项激励明细表	10日	√	×
奖惩汇总	考勤结果录入	上月考勤结果	5日	√	×
绩效考核结果	绩效系数	•月度绩效结果 •季度绩效 •年度绩效结果	15日	√	×
工资核算科目	值班费	明细表	10日	√	×
工资核算科目	职务补贴	明细表	10日	√	×
工资核算科目	培训费	明细表	10日	√	×
工资核算科目	交通补贴	明细表	5日	√	×
工资核算科目	通信补贴	明细表	5日	√	×
工资核算科目	住房补贴	人员名单	15日	√	×

4.4.2 工资发放一般流程

工资发放一般包含发放准备、制表、审批、报盘、报银行等环节，具体流程见图4-1。

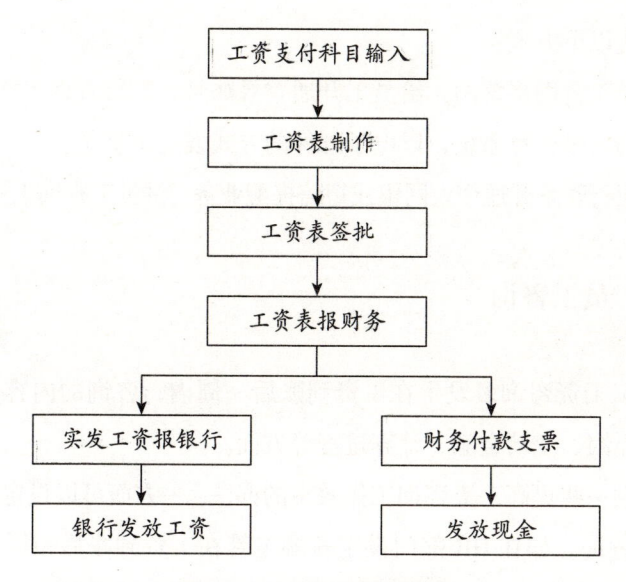

```
        ┌─────────────────┐
        │  工资支付科目输入  │
        └────────┬────────┘
                 ↓
        ┌─────────────────┐
        │    工资表制作     │
        └────────┬────────┘
                 ↓
        ┌─────────────────┐
        │    工资表签批     │
        └────────┬────────┘
                 ↓
        ┌─────────────────┐
        │   工资表报财务    │
        └────────┬────────┘
          ┌──────┴──────┐
          ↓             ↓
   ┌───────────┐  ┌───────────┐
   │实发工资报银行│  │ 财务付款支票 │
   └─────┬─────┘  └─────┬─────┘
         ↓              ↓
   ┌───────────┐  ┌───────────┐
   │ 银行发放工资 │  │  发放现金   │
   └───────────┘  └───────────┘
```

图4-1　工资发放流程图

4.5　薪酬发放后续管理——发现问题及时纠正技法

4.5.1　薪酬发放后对账

工资发放银行交易成功后，一般银行会定期反馈相应的银行对账单，其中会厘清开户人名称、账号、交易金额、交易日期等内容。

薪酬计发主管在收到对账单后，一定要与当初提交的银行发放清单进行比对，查看是否有错发。实际执行中可能会出现如金额串行、账户对调等错误。由银行代发工资后，有的员工不会立即查询账户情况，所以错误会发现得较晚，通过对账单比对，可以尽早发现并改正错误。对账单比对无误后，要与当月的工资明细表一同存档备案。

4.5.2　工资条、工资卡对账

每个月薪酬计发主管需要以邮件等形式将工资条发送给员工本人。现在通行的主要有以下方式：

（1）有员工自助系统的，给员工开通登录账号，自行查询工资明细。

（2）使用薪酬核算系统，以电子邮件的方式发送工资条。

（3）与银行联系开通个人网银或短信提醒业务，供员工查询工资账户明细。

4.5.3　员工咨询

一般员工工资咨询多发生在工资到账后一周内，咨询的内容多围绕当月工资的变动原因、变动金额、计算过程等方面。

本书提供一些提高工资咨询工作效率的办法：一方面可以设定专人、固定的时间接受咨询。如在 HR 部门设定薪酬主管在工资到账后一周的每天下午 3 点到 5 点接受咨询，这样既让员工感受到 HR 相应的服务，又保证薪酬主管工作时间的安排。另一方面，若遇到工资普遍性调整，以提前通知的方式减少单独解释的工作量。如社会保险、公积金基数调整、年功工资发放、工资普调或个人所得税政策调整时，可以在工资发放前草拟好相关的通知，以书面张贴或邮件的形式通知全体员工，让大家预知当月工资会有调整。

4.5.4　工资发放追踪流程

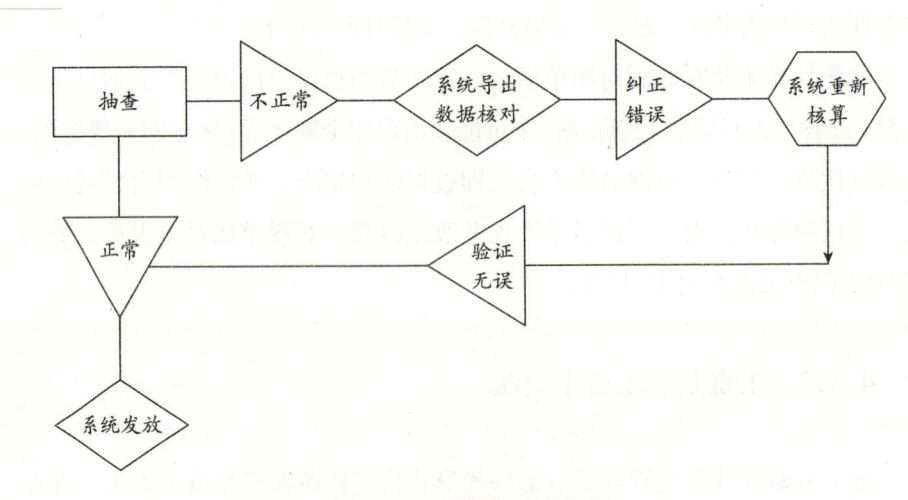

图 4-2　工资追踪流程图

第五章

全面薪酬激励管理体系
——三百六十度的激励管理

5.1　全面薪酬激励体系——全面薪酬包含要素

5.1.1　全面薪酬基本概念

"全面薪酬"概念产生于20世纪90年代,由美国学者特罗普曼提出,他认为全面薪酬包括基本工资、附加工资、福利、工作用品补贴、晋升机会、发展机会、心理收入、生活质量等。美国薪酬学会于2000年正式提出将全面薪酬分为薪酬、福利、工作体验3部分,其中工作体验包括企业文化、认可与赏识、工作与生活的平衡。同时,该学会对全面薪酬作出了定义,即可以被雇主用来吸引、激励、保留雇员的所有报酬要素,包括雇员认为的所有基于雇佣关系而产生的有价值的东西。2005年,美国薪酬协会提出了全面薪酬改进模型,将原有的3个核心要素扩展到现在的5个,即在薪酬、福利的基础上,将工作体验要素具体化为工作与生活的平衡、绩效或赏识以及个人发展和事业机会3个要素。

笔者认为,全面薪酬是指公司为达到组织战略目标对作出贡献的个人或团队的系统奖励。它关注的对象主要是那些帮助组织达到组织目标的行动、态度和成就,它不仅包括传统的薪酬项目,而且包括对员工有激励作用的能力培养方案、非物质的奖励方案等。

5.1.2　全面薪酬理论基础

全面薪酬管理体系是以员工为导向的整体性的系统薪酬设计。有效的薪酬体系及其管理必须让员工明确知道什么样的行为是组织所倡导的。

基于全面薪酬管理体系的诠释思路，全面薪酬管理体系的理论基础应该由马斯洛的需求层次理论、奥尔德弗的 ERG 理论和赫茨伯格的双因素理论等基本理论构成。

1. 马斯洛需求层次理论

马斯洛理论把需求分成生理需求（Physiological needs）、安全需求（Safety needs）、爱和归属感（Love and belonging）、尊重（Esteem）和自我实现（Self-actualization）5 类，依次由较低层次到较高层次排列。

2. 奥尔德弗 ERG 理论

美国耶鲁大学的克雷顿·奥尔德弗在马斯洛提出的需要层次理论的基础上，提出人们共同存在 3 种核心的需要，即生存（Existence）的需要、相互关系（Relatedness）的需要和成长发展（Growth）的需要。他认为，人在同一时间可能有不止一种需要起作用；如果较高层次需要的满足受到抑制，那么人们对较低层次需要的渴望会变得更加强烈。

3. 赫茨伯格双因素理论

美国心理学家赫茨伯格把激励因素分为激励因素和保健因素。当某种因素存在时可以引起满意，当它缺乏时不会引起不满意，只是没有满意，即为激励因素，如成就、成长、晋升、责任、奖金等；当某种因素存在时人们并不觉得满意，当它缺乏时则会引起不满意，即为保健因素，如工资、津贴补助、福利等。该理论价值在于区分哪些因素是激励效应，使管理者更好地对员工进行激励；提醒管理者，尽量不要把激励因素变成保健因素，那样不但没有激励效果，反而有带来不满的可能。如很多企业在设计薪酬福利时，经常把具有激励效应的奖金固定下来，一旦奖金变成保健因素，便不能再降低，否则就会引起不满。

5.1.3　全面薪酬与传统薪酬的区别

与传统薪酬战略相比，全面薪酬战略强调的是外部市场敏感性而不是内部一致性，是以绩效为基础的可变薪酬而不是年度定期加薪，是风险分担的伙伴关系而不是既得权利，是弹性的贡献机会而不是工作，是横向的流动而不是垂直的晋升，是就业的能力而不是工作的保障性，是团队的贡献而不是个人的贡献。具体来看，全面薪酬战略具有以下几个方面的特性：

1. 战略性

全面薪酬管理的关键就在于根据组织的经营战略和组织文化制定全方位薪酬战略，它着眼于可能影响企业绩效的方方面面，要求运用所有可能的"弹药"，如基本薪酬、可变薪酬、间接薪酬等，来达到适当的绩效目标，从而力图最大限度地发挥薪酬对于组织战略的支持功效。

2. 激励性

全面薪酬管理关注企业的经营，是组织价值观、绩效期望以及绩效标准很好的传播者，它会对与组织目标保持一致的结果和行为给予报酬（重点是让那些绩效优异的人得到经济回报，对于绩效不足者则会诱导他们离开组织）。实际上，关注绩效而不是等级秩序是全面薪酬战略的一个至关重要的特征。

3. 灵活性

全面薪酬战略认为，并不存在适用于所有企业的所谓最佳薪酬方案，甚至也不存在对于一家企业来说总是有效的薪酬计划。因此，企业应当根据不同的要求设计出不同的薪酬应对方案，以充分满足组织对灵活性的要求，从而帮助组织适应不断变化的环境和客户需求。

4. 创新性

全面薪酬管理沿袭了譬如收益分享这样一些传统的管理举措，但在具体使用时，管理者却采取了不同于以往的方式，以使其应用于不同的环境，并因时因地加以改进，从而使它们更好地支持企业的战略和各项管理措施。全面薪酬战略非常强调的一点是，薪酬制度的设计必须取决于组织的战略和目标，充分发挥良好的导向作用，而不能机械地照搬原有的一些做法，或者简单地拷贝其他企业的薪酬计划。

5. 沟通性

全面薪酬战略强调通过薪酬系统将组织的价值观、使命、战略、规划以及组织的未来前景传递给员工，界定好员工在上述每一种要素中扮演的角色，从而实现企业和员工之间的价值观共享和目标认同。此外，全面薪酬战略非常重视制定和实施这一战略的过程，这是因为它把制订计划的过程看成一种沟通，企业必须通过这样一个过程使员工能够理解组织为什么要在薪酬领域采取某些特定的行动。

5.2 全面薪酬设计要素——五大要素统筹设计

全面薪酬管理体系由于扩大了薪酬的范围，通过经济和非经济手段帮助企业与员工之间建立起较好的关联，让员工享受到个性化薪酬激励所带来的幸福感。

全面薪酬模型由薪酬、福利、工作与生活、物质与精神激励、职业发展与机会五大模块构成。全面薪酬计划的有效实施依赖于企业战略与人本文化相匹配，组织通过全面薪酬计划的实施，全方位对员工进行吸引、激励、保留，提高员工满意度和敬业度，促进员工与企业共发展、共分享。薪酬和福利模块在其他章节已有详细描述，本节将对剩余三个模块进行阐述。

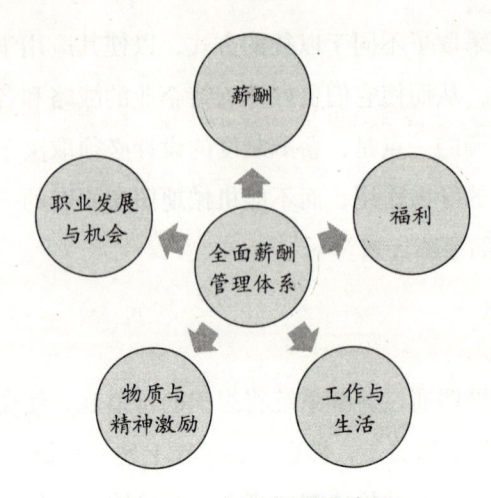

图 5-1 全面薪酬模块图

1. 工作与生活

工作与生活是指组织通过政策引导、具体方案实施等手段，帮助员工实现工作和家庭双赢的一项员工管理活动。

表 5-1 工作与生活模块内容

类别	内容
工作	包括工作场所的灵活性、有偿休假和无偿休假等
生活	包括健康和福祉、家属关怀、社区参与、参与管理、文化变革干预等

2. 物质与精神激励

物质激励即前文所说的薪酬福利，精神激励有助于企业用最小的货币投入实现最大限度地调动员工积极性的目标。

表 5-2 物质与精神激励模块内容

类别		内容
物质激励	现金	包括固定工资、月度奖金、年度奖金、现金补贴等
	非现金	包括保险福利、利润分享、股权激励等
精神激励		对于员工的行动、努力、行为或表现给予承认或特别关注，包括评优评先、树立榜样、工作认可等

3. 职业发展与机会

职业发展与机会是指要有职业发展路径设计、职业发展机制重点和职业发展预期。

表 5-3　职业发展与机会模块内容

类　别	内　容
平台机会	为员工提供发展和学习的平台机会，包括学费援助、企业大学、研讨会等
培训	对员工进行知识技能的培训，包括新技术培训、领导力培训、网络教育、组织内部或外部专家正式或非正式指导等
发展机制	为员工提供合理的发展机制，包括明晰的职业发展通道、轮岗机制、合理的调薪机制等

5个元素形成企业特有的"薪酬工具箱"。企业管理者可以从中进行选择，及时调整自身的薪酬管理理念，形成依靠组织和员工共同创造价值的具有竞争力的整体薪酬战略，从而促进高满意度、高参与度和高生产率的员工队伍建设。各元素之间不是相互排斥的，而是具有多功能性的，并且适合于多种组织的管理需要。由于全面薪酬的内容具有多样性，企业需充分对员工进行调研，了解员工需求，以实现需求和工作的有效对接。

5.3　全面薪酬要素应用——灵活运用要素技巧

由于不同的人在不同年龄阶段、不同企业从事的职位、所处的环境不同，自然对激励的需求也不同。企业进行全面薪酬激励设计时要充分考虑以上因素来进行系统设计。以下分别对几类人员的全面薪酬激励设计进行描述。

5.3.1 管理层人员全面薪酬设计

表5-4 管理人员全面薪酬要素设计

管理层次	工龄	员工诉求	培训发展需求	企业的绩效需求	大致年龄	全面薪酬重点要素
高层	≥20年	• 自我实现 • 退休、医疗保障机制 • 成就和尊重 • 接班人	国际化视野	基业长青	≥45岁	1. 薪酬：中长期激励为主，当期激励为辅 2. 福利：法定福利+企业自主福利 3. 工作与生活 4. 物质与精神激励：精神激励为主 5. 职业发展与机会：发展机制
				选择正确的业务组合	40—45岁	
中高层	16—20年	• 成就和尊重 • 退休、医疗保障机制 • 影响力、保障体系	前沿趋势、政策分析的掌握	实现BU/SBU短期与长期盈利目标	36—45岁	
	11—15年	• 发展和积累 • 成就和尊重 • 沉淀、拓展、机遇		打造分管业务的竞争优势	硕36—40岁 本33—37岁	
中层	6—10年	• 发展和收入 • 家庭	专业技能、领导技能深度挖掘以及外部分享与个人品牌提升	提高业务运营效率	硕31—35岁 本28—32岁	1. 薪酬：当期与中长期激励并重 2. 福利：法定福利+企业自主福利 3. 工作与生活 4. 物质与精神激励：物质激励与精神激励并重 5. 职业发展与机会：培训+发展机制
基层	4—5年	• 发展和收入 • 婚姻	业务拓展	促成业绩实现	硕28—30岁 本25—27岁	

续表

管理层次	工龄	员工诉求	培训发展需求	企业的绩效需求	大致年龄	全面薪酬重点要素
优秀的自我管理者	1—3年	•平台和收入 •学习+成长 •稳定（恋爱）	职业技能提升	交付合格的产品与服务	硕28岁 本25岁	1.薪酬：以当期激励为主 2.福利：法定福利+企业自主福利 3.工作与生活 4.物质与精神激励：物质激励为主 5.职业发展与机会：平台机会+培训+发展机制（职业发展通道）
新入职员工	1年内	•融入企业 •学习技能 •合格上岗	融入企业、应知应会	融入企业、全力做到	硕25岁 本22岁	

5.3.2 专业技术人员全面薪酬的设计

表5-5 专业技术人员全面薪酬要素设计

职位层级	工龄	员工诉求	年龄	全面薪酬重点要素
8级	≥20年	•行业影响力专家 •自我价值实现 •自身健康和生活品质的保障	≥45岁	1.薪酬：中长期激励为主，项目激励和当期激励为辅 2.福利：法定福利+企业自主福利 3.工作与生活 4.物质与精神激励：专家精神激励为主 5.职业发展与机会：发展机制
7级				
6级	15—19年	•行业话语权 •家庭改善性需求	39—45岁	

续表

职位层级	工龄	员工诉求	年龄	全面薪酬重点要素
5级	12—14年	• 专业话语权 • 孩子的成长性和竞争性	硕36—38岁 本34—36岁	1. 薪酬：当期与中长期激励并重 2. 福利：法定福利+企业自主福利 3. 工作与生活 4. 物质与精神激励：物质激励与精神激励并重 5. 职业发展与机会：培训+发展机制
4级	9—11年	• 自身价值实现 • 家庭小康生活的愿望	硕33—35岁 本31—33岁	
2—3级	4—8年	• 外部市场竞争力 • 个人成家立业的愿望	硕28—32岁 本26—30岁	1. 薪酬：以当期激励为主 2. 福利：法定福利+企业自主福利 3. 工作与生活 4. 物质与精神激励：物质激励为主 5. 职业发展与机会：平台机会+培训+发展机制（职业发展通道）
1—2级	1—3年	• 职业能力增长	硕27岁 本25岁	
0级	1年内	• 基本生活保障	硕25岁 本22岁	

5.3.3 技能工人全面薪酬设计

表5-6 技能工人全面薪酬要素设计

职位层级	工龄	员工诉求	全面薪酬重点要素
高级技师	≥16年	• 成为匠人 • 行业技能专家 • 自身健康和生活品质的保障	1. 薪酬：当期与中长期激励并重 2. 福利：法定福利+企业自主福利 3. 工作与生活 4. 物质与精神激励：精神激励为主 5. 职业发展与机会：发展机制
技师	11—15年	• 外部话语权 • 家庭改善性需求	
高级工	8—10年	• 专业话语权 • 孩子的成长性和竞争性	1. 薪酬：当期与中长期激励并重 2. 福利：法定福利+企业自主福利 3. 工作与生活 4. 物质与精神激励：物质激励与精神激励并重 5. 职业发展与机会：培训+发展机制
中级工	4—7年	• 自身价值实现 • 家庭小康生活的愿望	

续表

职位层级	工龄	员工诉求	全面薪酬重点要素
初级工	1—3年	• 基本生活保障 • 个人成家立业的愿望	1. 薪酬：以当期激励为主 2. 福利：法定福利+企业自主福利 3. 工作与生活 4. 物质与精神激励：物质激励为主 5. 职业发展与机会：平台机会+培训+发展机制
新员工	1年内	• 基本生活保障	

第六章

1M3P 薪酬激励设计
——定价定标定级按值论价

6.1　1M3P 薪酬体系内涵——介绍 1M3P 激励要素

1M3P 薪酬体系是以人才市场（Market）价值为基础，结合职位（Position）价值因素、个人能力（Person）因素和绩效（Performance）因素进行管理的薪酬体系。具体 1M3P 薪酬模型如图 6-1 所示：

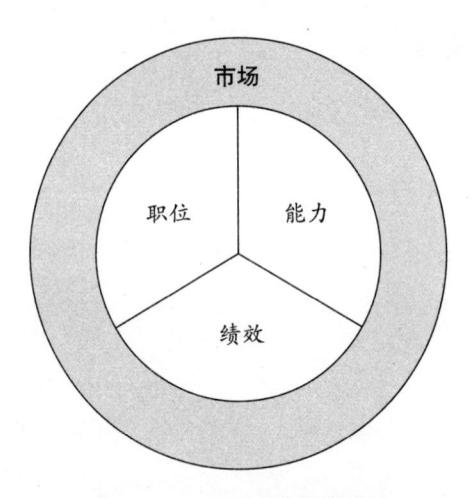

图 6-1　1M3P 薪酬模型图

1M3P 薪酬体系强调市场人才价值因素的影响作用，企业在设计薪酬体系时，要充分考虑市场薪酬情况，结合企业战略、业务战略和盈利情况来制定本企业薪酬策略，并随市场因素及时调整相应类别的员工收入，使企业薪酬尤其是关键职位薪酬始终保持一定的竞争力水平。

1M3P 薪酬体系体现依据职位的价值区分设计，为岗位付薪的激励理念更能体现职位的价值贡献、对企业的影响程度和人才的市场价值，同时具有便于人工成本管理等优点。

1M3P 薪酬体系除体现以能力付薪的理念，在薪酬政策设计时还会根据个人能力高低进行区分设计，考虑任职者的个人能力因素，其中个人技能因素、资历因素以及其他特殊能力因素也会对薪酬设计产生一定的影响。

1M3P 薪酬体系强调员工收入与组织绩效和个人绩效紧密联系，最大限度地发挥薪酬的绩效激励作用，让员工与企业共享发展成果。

1M3P 薪酬体系下，进行薪酬设计时首先应以市场因素为基础依据，依据市场确定本企业薪酬战术；其次，确定薪酬策略后，根据职位价值的区别确定职位工资薪级；在薪级中，根据个人能力的不同确定所属薪档；最后，根据个人的业绩表现情况来确定最终的工资收入。如下图：

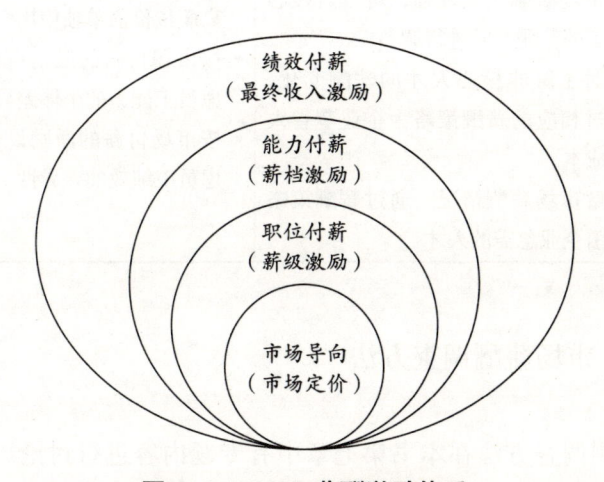

图 6-2　1M3P 薪酬激励体系

6.2　按市场付薪激励理念——按市场规则定激励策略

按市场付薪的理念就是企业在制定薪酬政策及支付薪酬时一定要按市场规律进行。这就要求企业管理者必须有人才市场化的意识，这样才能形成薪酬市场化。企业的薪酬管理者要有进行市场对标的定位能力和渠道。企业如何进行调研、如何进行对标、如何设计竞争力水平的分配政策，对企业的发展非常重要。

6.2.1 市场付薪激励的优缺点

按市场付薪是企业遵循市场法则来进行薪酬管理。由于市场是复杂的、人才需求是变化的、企业经营能力是变化的，这些变化自然带来对薪酬管理工作的挑战。按市场付薪激励的优缺点，具体如表6-1所示：

表6-1 市场付薪激励的优缺点对比

类别	优点	缺点
按市场付薪激励理念	• 市场调研，便于企业采取相应的薪酬策略 • 与市场薪酬接轨性强，可以对核心员工的薪酬及时进行调整 • 及时了解非核心人才的薪酬变化，通过相应的薪酬策略为企业节省人工成本 • 了解市场薪酬情况，通过薪酬策略吸引企业急需的人才	• 按市场付薪的激励设计理念不能脱离职位价值单独使用 • 按市场付薪的激励设计理念没有考虑员工能力的个体差异性 • 按市场付薪的激励设计理念没有考虑员工绩效的差异性

6.2.2 市场薪酬调查方法

市场薪酬调查方法在本书第七章中有专题内容进行讨论。在此章不再一一进行描述。

6.3 为岗位付薪激励理念——按市场价值定职位薪标

按市场付薪取决于企业的薪酬战略与策略，是市场变化的真正体现。而按岗位价值付薪是这一体现的细化和落地。某个职位价值不仅取决于企业内部对其赋予的职位定位，更重要的是职位对企业的价值。而这一价值与市场的匹配性，也是内部公平性的体现。因此，为岗位付薪的理念必须要坚持按职位价值来付薪，随之而来的就是岗位改变、岗位的内容要素改变，其薪酬也相应改变。对于践行为岗位付薪理念的企业，首先要做好岗位评估，编制岗位的职位价值图谱；其次是对标市场，确定薪酬水平，主要做好基于职位的调薪管理，做到"岗变薪变，易岗易薪"，其管理的重要内容是职位价值评估、职位薪酬设计及其管理。具体如图6-3所示：

- 薪酬调研
- 薪酬策略
- 薪酬调整

→ 按市场付薪激励设计

- 职位价值评估
- 基础工资标准

→ 为岗位付薪

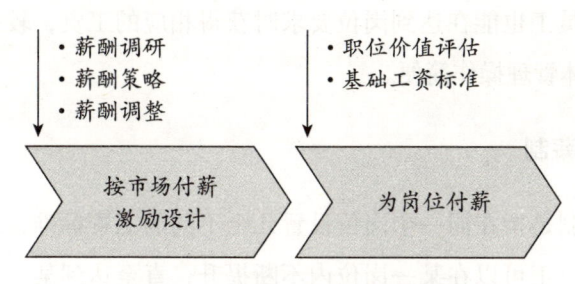

图6-3　薪酬设计理念流程图

6.3.1　为岗位付薪激励的优缺点

为岗位付薪能否发挥激励效用的关键在于对岗位价值的评估与对标。评估好了才能保证设计的政策有激励性，进而在实际操作过程中强化这一设计。具体优缺点如表6-2所示：

表6-2　为岗位付薪激励优缺点

类　别	优　点	缺　点
为岗位付薪	• 对职位价值进行区分，能体现职位的真正价值 • 建立内部公平的标准	• 个人的能力差异在薪酬中得不到体现 • 岗位的绩效表现好坏在薪酬中得不到体现

6.3.2　为岗位付薪激励的三种形式

1. 一岗一薪制

一岗一薪制是指每一个岗位只有一个固定的工资标准，企业内所有的岗位从高到低组成一个统一的岗位工资标准体系，不同的岗位，工资标准也不同。对员工来说，只要能达到某一岗位的任职要求并任职于该岗位，就可以获得该岗位的工资，这种一岗一薪的职务/岗位工资制度适用于专业化分工程度高、岗位数量比较固定的企业。

执行一岗一薪制的岗位工资制度有利于简化薪酬管理，在员工选拔时有明确的标准，员工也能在达到岗位要求时获得相应的工资，较有安全感和稳定性，而且整体管理操作简便。

2. 一岗多薪制

一岗多薪制是指在同一个岗位设置几个不同的工资标准，或者设置工资的不同比例。员工可以在某一岗位内不断提升，直至达到某一岗位的最高工资标准。或者，设置某一固定的工资标准，根据员工对工作的熟练程度和绩效水平的不同按比例发放工资。

一岗多薪制在某种程度上解决了一岗一薪制的僵化，体现了员工在任岗期间的能力差异和绩效差异，但它仍属于岗位工资制，不会在岗位内设置过多的工资等级，仅仅是略有差别。

一岗多薪制的岗位工资制度适用于岗位划分较粗、岗位内部有部分差别的企业。

3. 易岗易薪制

易岗易薪制是指薪酬随着岗位的变化而变化，员工岗位变动并经考核合格后，实行新的岗位工资标准。"岗变薪变"实行以岗位工资为主体的分配办法，员工工资收入要与员工的岗位职责、工作业绩和实际贡献挂钩，使员工工资收入随岗位的变动而相应变动。

6.4 为能力付薪激励理念——按员工能力定薪酬落点

人才市场化背后隐含的是人才能力的差异化。员工受教育程度、工作强度等差异会形成能力的差异，其创造的价值自然也是有差异的。因此，设计薪酬时一定要考虑能力差异。如果不考虑这一因素，有能力的人才就会流失。

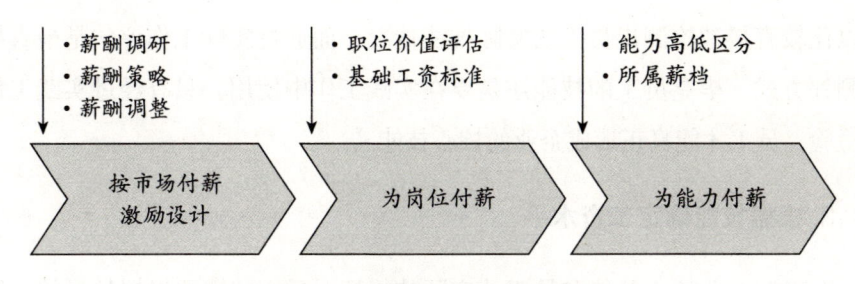

图 6-4　薪酬设计理念流程图

6.4.1　为能力付薪激励的优缺点

根据市场付薪确定适合本企业实际情况的薪酬策略，根据职位价值的区别确定每个职位的薪酬标准。不同员工的薪酬水平如何确定，要看他们的能力差异。

表 6-3　为能力付薪激励的优缺点

类　别	优　点	缺　点
为能力付薪	• 激励员工不断学习知识和技能 • 激发员工不断提升自身的潜能 • 有利于职位轮换与员工职业生涯发展 • 有利于适应公司战略调整的需要	• 岗位的绩效表现好坏在薪酬中得不到体现 • 对企业的管理水平提出了更高的要求

6.4.2　为能力付薪激励的侧重点

1. 确定企业核心技能要求

根据企业的发展战略和经营目标，确定企业的核心技能要求，即企业员工需要具备的关键技能。同时，对于这些关键技能进行描述、分类、整理，形成关键技能要求体系和等级划分。

2. 对员工实际技能进行评定

企业对员工的实际技能情况进行测评，可以从员工获得的技能证明、企业组织的技能测定、实际工作评估等几个方面来进行。企业组织的技能测定可以比较直接地检测出员工的实际技能情况，而通过实际工作评估是最直接的测评方式，毕竟员工的技能还是要在实践工作中使用。只有经过实践工作的检验，员工才能真正形成企业的核心技能。

3. 根据技能确定工资水平

在确定企业核心技能和员工的实际技能情况后，就需要根据员工的技能情况确定其工资水平。同样，能力工资制在确定工资水平时，也要考察外部市场的薪酬水平情况，尤其是主要竞争对手的薪酬情况，并考虑企业薪酬策略和工资总额对员工的实际支付水平，在此基础上，制定出员工的技能工资等级，并根据员工的实际技能支付工资。

4. 有计划地提升员工能力

能力工资制最核心的考虑因素是企业员工的能力情况，所以企业员工的能力提升就成为人力资源战略之一，必须将企业的发展战略与人力资源的开发战略结合起来。企业不仅要在观念上重视员工能力的开发，还要有实际的支出用于员工能力的投入，更进一步地，企业在员工的招聘、选拔、绩效考核等多方面的管理中，都要围绕能力来落实整体的企业管理，甚至要推进建设学习型组织，以促进企业整体能力的提升。

6.5 为绩效付薪激励理念——按创造价值定最终收入

企业按市场制定薪酬政策和薪酬水平，根据从事的岗位及能力确定员工最终薪酬水平。企业是否获得相应的绩效决定其是否应付出相应的薪酬，员工是否创造出应有的价值决定其是否获得相应的收入。而员工最终的收入高低取决于什么？自然是其创造出的绩效。因此，绩效激励才是员工激励的最终体现。

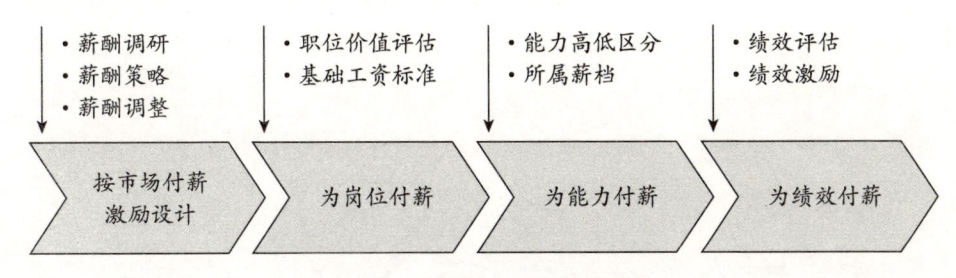

- 薪酬调研
- 薪酬策略
- 薪酬调整
↓
按市场付薪激励设计 ▷

- 职位价值评估
- 基础工资标准
↓
为岗位付薪 ▷

- 能力高低区分
- 所属薪档
↓
为能力付薪 ▷

- 绩效评估
- 绩效激励
↓
为绩效付薪

图 6-5 薪酬设计理念流程图

6.5.1 为绩效付薪激励的优缺点

表 6-4 为绩效付薪激励的优缺点

类别	优点	缺点
为绩效付薪	起到鼓励优秀、鞭挞落后的积极作用 使企业的薪酬成本最为节省	不是所有岗位都能用绩效来体现

6.5.2 为绩效付薪的方法

为绩效付薪的方法具体见绩效管理和应用章节。

第七章
薪酬市场信息调研管理
——市场视角看薪酬竞争力

"知彼"是管理最重要的理念之一，企业薪酬政策如何做到既有竞争力又不至于给企业带来过高的成本压力？制定适合企业能力的薪酬策略非常重要。要实现这一目标，薪酬调研是非常重要的环节，其目的是了解行业竞争对手的薪酬体系结构、水平、人才规划及人才发展模式等，通过对比分析，进而优化本企业的薪酬政策与策略。

　　薪酬调研是指通过一系列标准、规范和专业的方法，对市场上各职位进行分类、汇总和统计分析，形成能够客观反映市场薪酬现状的调查报告，为企业提供薪酬设计方面的决策依据及参考。薪酬调研是薪酬管理的重要组成部分，其目的一是了解市场薪酬水平、结构及趋势，二是确定企业薪酬在市场薪酬中的位置，三是为企业薪酬调整提供方向。

　　要做好薪酬调研，必须对如何进行薪酬调研进行精心策划，建立起相应的流程体系，有计划、有组织、有管理周期、有相应课题，最后方可呈现出最精准的调研报告。具体可参照以下步骤进行：确定薪酬调研内容，确定薪酬调研组织，确定薪酬调研方式，确定薪酬调研周期和确定薪酬调研应用。

7.1　薪酬调研的方式选择——三种调研方式各具特点

　　在市场经济中，薪酬战略对于任何企业来说都至关重要。薪酬战略是决定企业在劳动力市场和产品市场中竞争地位的重要因素，所以每个企业都建立了较完备的薪酬保密机制。企业可以通过各种途径来获取竞争对手的薪酬信息，概括起来主要有三种形式。

1. 政府部门组织的非商业性调查

由政府部门组织实施的薪酬调查，调查的范围比较广、样本量大、分类细致，此类调查结果主要用于对市场的宏观指导，公布的数据相对准确且权威，包含各行各业不同类型员工的调查数据。组织可以无偿使用这些信息，成本较低、信息量大。但由于政府调查面广、耗时较长，信息在针对性和时效性方面有所欠缺，并不能全面直观地反映企业的个性化信息，很难由此判断竞争对手的相关情况。但企业可以将此类调查结果作为辅助性信息，对不同岗位在行业中所处水平做出基本判断。

2. 聘请专业咨询企业进行专门薪酬调查

由于薪酬具有保密性，企业想要全方位了解竞争对手的相关薪酬状况，单靠政府及一些网站上公布的信息是远远不够的，如招聘时网站上公布的工资水平、员工在部分调查网站上自愿填写的数据等，均不具有科学的参考性和针对性。目前，市场上提供薪酬调查服务的专业咨询机构越来越多，如美世、翰威特、华信惠悦、太和等信息咨询及猎头公司，与通过其他方式获取的支离破碎、无法辨别真假的信息相比，这些管理咨询机构实施的薪酬调查不但能够提供相对真实、准确的信息，而且能为企业提供个性化、有针对性的服务。

3. 企业自行组织的薪酬调查

通过购买专业薪酬报告或聘请专业咨询企业进行薪酬调查所获得的调查结果虽然具有较高的参考价值，但由于投入的成本较高，企业不可能总是依赖这些专业管理咨询机构来了解竞争对手或行业的薪酬状况。对大部分企业来说，可以采用人力资源部门主导、其他相关部门辅助的形式，结合自身需要自行开展薪酬调查。

表 7-1　企业自行组织薪酬调研方式

分类	方法	内容	优势	劣势
自我组织调研方式	项目组调查	成立专门项目小组，对标杆企业进行调研	可直接对标杆企业进行调查，能根据自己的需要获取信息；通过自身参与调查，还能对标杆企业有更深刻的了解和认识	征集参与企业难度大，费时费力，缺乏科学工具；涉及一些关键信息时，企业不太愿意透露
	询问求职者	1. 了解组织机构、职位架构、薪酬结构水平，属于主要渠道 2. 业务发展及人才情况	获取信息直接、成本低	真实度因人而异，不易获得多个职位的全面信息
	业务伙伴	利用人脉发展情况进行全方位的背景调查，属于辅助渠道	获取信息直接、成本低	信息不全面、可类比性差
	网络搜索	1. 收集整理调研行业公开信息：人才信息动态、人才信息概览 2. 了解企业性质、规模、业务结构，为辅助渠道 3. 人才的流动情况	信息量大、成本低	数据源不详、信息凌乱、可信度低

7.2　薪酬调研的实施路径——三步轻松完成调研任务

外部薪酬调查的重点是"知彼"，了解行业或标杆企业的实际薪酬水平，确定竞争对手的实力。

7.2.1　确定调查范围

企业要对哪些外部单位进行薪酬调查？企业一般选取与本企业在劳动力

市场和产品市场中具有竞争关系的其他企业，包括以下类型企业：

（1）与本企业从事相同职业或者具有相同技术员工的企业；

（2）与本企业在同一劳动力市场内竞争员工的企业；

（3）与本企业在相同或相似产品或服务市场中展开竞争的企业。

一般在选择调查对象时，除了考虑行业因素外，还应考虑所要调查人员的类别特征。一般可替代性较强、对专业技能要求较低、流动范围具有相对局限性的岗位，如辅助人员等，可参照当地的市场水平；而对于企业高层管理者和高级技术人才这种具有较强的稀缺性、流动范围较大、对知识技能要求较高的人员，则需要参考全国性、行业性的调查情况综合考虑；中低层管理人员、企业一般管理人员和中级技术人员一般需要结合当地的薪酬水平和行业的薪酬水平综合考虑。

7.2.2 确定调研行业

从行业看，一般分为房地产、传统制造、金融、快消品、医药等不同类别。一般情况下，薪酬调研主要在本行业及相关行业中开展。但针对某些通用性岗位，如人力资源岗位、财务岗位等，应加入本地区及周边地区其他行业相关岗位的薪酬内容。

图 7-1 薪酬调研行业选择

7.2.3 选取标杆企业

1. 选取原则

行业排名靠前（市场占有率高）。一般选择行业内产品市场占有率较高、具有较大影响力的企业作为标杆企业。该类企业不仅能够支付较高水平的薪酬，在劳动力市场中具有较强的吸引力，而且这些企业一般致力于不断改进或采用最新的管理思想、管理理念、管理方法和管理技术，能在一定程度上促进企业管理模式的转变，推动企业管理水平的提升。

产品或服务的竞争性较强。企业应选取提供同质产品或服务、在产品市场中比自身竞争优势更强的企业做标杆企业，以不断分析自身管理体系中存在的问题和不足，做到"知己知彼"，从而不断提升自身产品和服务的竞争力。

人才获取较容易。企业的竞争性在劳动力市场的最直接表现就是企业招聘和吸引人才的能力。背后的决定性因素之一就是企业支付给员工的薪酬水平的高低。分析标杆企业的薪酬体系，能够把握员工的价值取向，制定科学的、符合市场需要的薪酬制度。

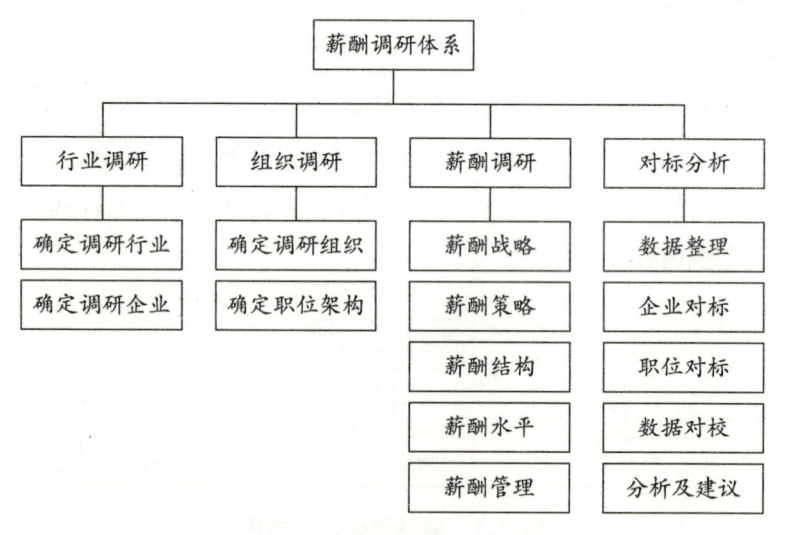

```
                    薪酬调研体系
    ┌──────────┬──────────┼──────────┬──────────┐
  行业调研    组织调研    薪酬调研    对标分析
    │           │           │           │
 确定调研行业  确定调研组织   薪酬战略     数据整理
    │           │           │           │
 确定调研企业  确定职位架构   薪酬策略     企业对标
                            │           │
                          薪酬结构     职位对标
                            │           │
                          薪酬水平     数据对校
                            │           │
                          薪酬管理     分析及建议
```

图 7-2　薪酬调研体系图

2.调研对象

如何选择调研对象，这要看企业的业务经营范围、人才发展策略、人才竞争性与流动性、薪酬竞争性策略等。一般企业的调研可以按表 7-2 的内容来确定具体的调研对象。

表 7-2 薪酬调研企业选择表

调研方向		调研企业	调研理由
本地	同行业	A 企业	行业标杆
		B 企业	行业标杆
		C 企业	行业标杆
	相关行业	D 企业	薪酬水平具有竞争力
		E 企业	薪酬结构激励性强
		F 企业	员工稳定性强
属地企业		G 企业	薪酬水平具有竞争力
		H 企业	薪酬结构激励性强
		I 企业	员工稳定性强

7.3 薪酬调研的主要内容——七个要素摸清调研对象

企业进行薪酬调查，仅仅获取与薪酬有关的信息并不能全面反映调查对象的实际竞争实力状况，因此应尽可能进行详细的调查，以便确定被调查企业与自身存在的实际差异。企业薪酬调查涵盖的内容广、信息量大，表 7-3 展示了企业在进行薪酬调研时需要采集的主要信息内容。

表 7-3 企业薪酬调研基本内容

信息分类	信息类型	内容
组织信息	组织规模/商业模式	经营业务、资产状况、销售收入、市场占有率、净利润等
	组织机构	组织机构，商业模式，部门、科室设置情况，下属机构或最小管理单元等
	管理层级	各层级的管理关系、人数、管理幅度、管理权限、任职资格要求等
	人员结构	学历、工龄、年龄、地区等
	其他信息	专业人员的层次及任职资格要求
		职业发展路径等

续表

信息分类	信息类型	内容
薪酬信息	薪酬结构	基本工资及占比；固定薪酬的设置方式；与绩效相关的变动薪酬，如奖金的设置；其他津贴、补贴以及福利项目的构成；长期激励项目（对象、标准、激励方式等）
	薪酬水平	各薪酬结构的标准及占总薪酬的比例
	考核方式	与薪酬有关的绩效考核挂钩方式，如奖金和股权等考核方式
	薪酬政策	如薪酬调整机制
非物质激励		带薪休假、职业发展、晋升机会、组织氛围等

具体来说，可以从企业战略、商业模式、组织机构、薪酬战略、薪酬策略、薪酬结构、职位匹配及其薪酬对标、薪酬绩效激励8个维度开展确认调研方向，梳理调研内容。

7.3.1 企业战略及 HR 策略

人力资源规划的制定是在诠释企业战略发展目标的前提下开展的，因此对企业战略及 HR 要求进行精准解读意义重大，表 7-4 为某公司战略诠释图。

表 7-4 某公司战略诠释图

	■ 公司的战略定位	■ HR 的战略定位
企业使命	•1 •2	•1 •2
战略定位	•1 •2	•1 •2
	■ 公司的战略目标	■ HR 的战略目标
3年战略目标	•1 •2	•1 •2
5年战略目标	•1 •2	•1 •2

续表

■ 公司的关键业务目标及能力	■ 对 HR 要求及策略制定
•1	•1
•2	•2

7.3.2 组织机构及人员分布

梳理企业的组织机构设置，明确其组织机构及管理层设置方面的相关信息。企业组织机构梳理一般从分析企业组织管理、职位设计、在岗人员基本情况、关键人才信息等方面进行。具体见图 7-3：

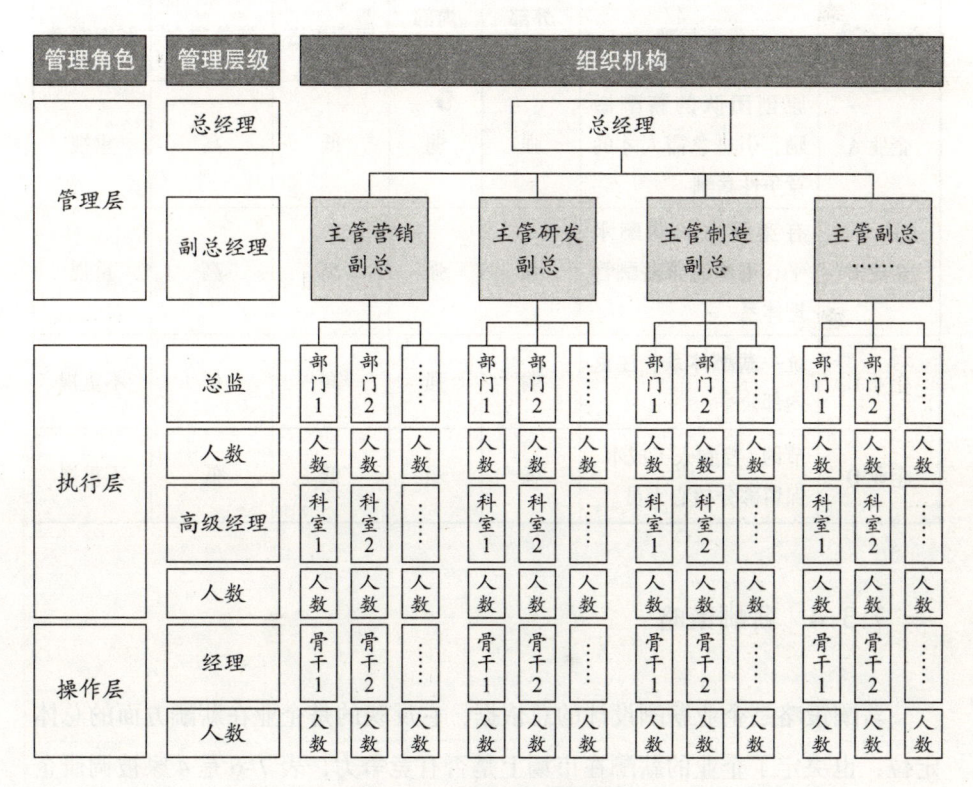

图 7-3 企业组织架构图

7.3.3 薪酬战略

企业薪酬战略指企业薪酬管理体系设计和实施的方向性指引，是企业人力资源战略和企业战略的重要组成部分。企业薪酬战略的制定必须要综合考虑企业的整体战略、业务情况、所处的发展阶段、人力资源战略、组织结构及企业的文化等因素，并与这些因素有机地结合起来。通过制定和实施适合企业的薪酬战略，明确薪酬定位、薪酬激励方向及人工成本的竞争力定位等，表 7-5 是 4 家被调研企业的薪酬战略部署表。

表 7-5 薪酬战略调研概览表

企业名称	薪酬战略	外部竞争性	内部公平性	固定工资	绩效奖金	长期激励
企业 A	原创团队的薪酬激励、引进急需人才的竞争性薪酬	强	弱	低	高	重视
企业 B	有竞争力的薪酬水平、逐步完善薪酬管理体系	强	强	高	高	重视
企业 C	统一薪酬体系、注重内部公平	弱	强	高	低	不重视
企业 D	节约/控制人工成本、保留部分核心人员	强	弱	低	低	不重视

7.3.4 薪酬策略

薪酬策略是企业薪酬设计的总依据，它反映的是企业在薪酬方面的总体定位，也决定了企业的薪酬在市场上是否有竞争力，表 7-6 是 4 家被调研企业的薪酬策略调研概览表。

表 7-6 薪酬策略调研概览表

企业名称		薪酬策略
企业 A	领先策略	薪酬水平在同行业中处于绝对领先地位
企业 B	跟随策略	薪酬水平跟市场先进企业水平联动，根据市场变化随时调整
企业 C	滞后策略	低成本导向，薪酬较低，原因为企业实力较弱
企业 D	混合策略	针对不同的部门、不同的岗位、不同的人才，采用不同的薪酬策略

7.3.5 薪酬结构

通过调研分析行业大部分优秀企业薪酬结构的共性、差异性、特点以及薪酬结构的占比情况，分析其激励因素及内涵，有利于借鉴并优化本企业的薪酬结构，让薪酬结构更加科学合理，表 7-7 是被调研企业的薪酬结构情况。

表 7-7 薪酬结构调研概览表

薪酬结构	二级结构	薪酬要素
固定收入	固定工资	基本工资
		岗位工资
		学历工资
		工龄工资
		技能工资
		……
变动收入	绩效工资	年度/月度
		奖金
		提成
		分红
		股票期权
		……

续表

薪酬结构	二级结构	薪酬要素
福利	法定福利	社会保险
		公积金
	企业福利	餐费补贴
		用车补贴
		通信补贴
		住房补贴
		节日补贴
		……

7.3.6 职位匹配及薪酬对标

在做薪酬调研分析之前，首先要进行职位匹配，即根据被调研企业的组织规模、业务大小、组织设计及管理层次来进行职位对标评估。需注意的是，应本着职位价值相同或相近的原则来进行匹配。表 7-8 是几个被调研企业的职位匹配及薪酬对标举例。

表 7-8 调研企业薪酬水平对标概览表

序列	薪酬水平	本地区		属地企业	
		企业 A	企业 B	企业 C	企业 D
管理层	××—××元	总经理	总经理	总经理	总经理
执行层	××—××元	副总经理	副总经理	副总经理	
	××—××元		总监		
	××—××元	经理	高级经理	部长	部门经理
操作层	××—××元	主管		主管	主管
	××—××元		六级		
	××—××元		五级		
	××—××元		四级		
	××—××元	一般管理人员	三级	一般管理人员	一般管理人员
	××—××元		二级		
	××—××元		一级		

续表

序列	薪酬水平	本地区		属地企业	
		企业 A	企业 B	企业 C	企业 D
技能工人	××一×× 元	高级技师	高级技师		
	××一×× 元	技师	技师		
	××一×× 元	高级工	高级工	技术工作	班组长
	××一×× 元	中级工	中级工	普通工人	普通工人
	××一×× 元	初级工	初级工	辅助工人	

7.3.7 薪酬绩效激励

绩效激励在薪酬管理中同样重要。绩效激励既关乎员工的实际收入，又关乎企业的人工成本、投入产出效能评价。

表 7-9 薪酬绩效调查概览表

企业	绩效管理模式	薪酬激励应用
企业 A		
企业 B		
企业 C		
企业 D		

7.4 薪酬调研的组织管理——分工明确提高调研效率

"工欲善其事，必先利其器"，为了确保薪酬调研工作高效落地，在组织调研前需成立调研专项项目小组，明确组内分工及调研重点，有组织性、目标性、针对性、策略性地开展薪酬调研工作，图 7-4 为薪酬调研小组范例，供参考。

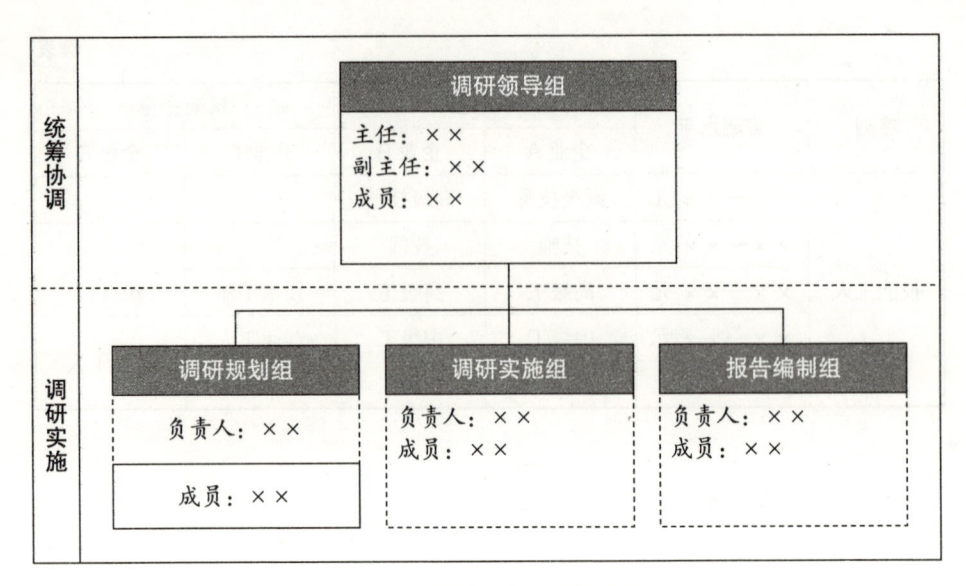

图 7-4 薪酬调研小组架构图

7.5 薪酬调研报告的编制——调研编写模板报告技法

一份完整的薪酬调研数据分析报告所包含的主要内容如表 7-10 所示：

表 7-10 薪酬调研数据分析报告

序号	内容	要求及表单
1	总体情况说明	对薪酬调研的背景、目的、目标等进行整体介绍
2	职位对标情况说明	不同企业不同职位进行对标分析
3	分析报告内容	对分析报告的内容进行详细说明
4	分析结论	总结分析报告的结论
5	建议	提出调整建议

表 7-11 为薪酬调研报告的明确结论：

表 7-11 薪酬调研报告结论

调研企业	水平竞争力	总体评价	结构性评价
企业 A	处于 25 分位		

续表

调研企业	水平竞争力	总体评价	结构性评价
企业 B	处于 50 分位		
企业 C	处于 75 分位		
企业 D	处于 90 分位		

7.6 薪酬调研报告的应用——巧用调研报告指导调薪

对薪酬调研报告进行全面、细致的解读，益处多多。不仅能帮助企业了解人才市场动态，为内部提供公正权威的薪酬数据参考，而且为企业创造检视和调整薪酬的条件，具体可以从以下4个方面进行阐述。

1. 帮助确定正在招聘的特定岗位的薪酬水准

传统的定薪方法，尤其是一些大公司，通常采用"系统定薪"，即构建一个动态调整的薪资架构，每次招聘新员工对应到架构里。但在没有薪酬架构的情况下，或是有新岗位出现时，就涉及以岗定薪。以岗定薪最核心的要素是把该岗位描述清楚，确保员工从事的工作与职位设定相符合，即职位匹配。而一份专业的薪酬调研报告能为企业新业务板块岗位薪资锚定标准及阈值。

具体实施路径为：首先在报告里找到职位类别，其次是职位等级（资深／初级），不同等级价格不同，最终看人才定位，确定岗位所能承受的薪酬范围。同时，要综合考虑候选人与岗位的匹配程度，如背景、经验以及候选人的预期，最终定出薪酬水平。

2. 为企业调薪酬提供参考依据

企业调薪通常基于"人岗匹配""绩效水平""薪酬竞争力"，根据具体指标达成情况区分"高配、中配、低配""优秀、合格、有差距""高于市场水平、同于市场水平、低于市场水平"，形成最简单的"3×3×3"的27调薪矩阵，结合员工实际情况进行匹配。薪酬报告作为行业薪酬专业报告，提供可参考的市场薪酬水准。

3. 帮助企业搭建薪酬架构与图谱

搭建薪酬架构最重要的是职位架构，职位架构里最重要的则是职级架构；通过职级体系才能找到市场上相应的薪酬数据，从而搭建薪资架构体系。薪酬架构与图谱是否系统化、体系化、科学化已成为衡量企业人才发展是否具备持久性的重要标准之一，而薪酬报告可基于职位序列和职位等级锁定市场薪酬数据，一方面帮助企业设计薪资架构，另一方面完成既有薪酬架构的数据更新、固浮比调整、薪资表增设方面的优化。

4. 为企业薪酬预算编制提供依据

薪酬预算一般有"存量预算"和"增量预算"两部分。存量预算包括市场薪酬、绩效调薪和晋升调薪。而增量预算涉及未来的业务变化（业务板块、岗位、定员），薪酬预算编制一般以职位规划为起点，参照薪酬标准及人员编制制定职位数量，市场薪酬、人员数量的规划，进而做出薪酬总预算。

影响薪酬预算的关键因素宏观上分"业务特点""组织要求""人才策略"3类。业务特点主要受"盈利模式"和"业务波动周期"的影响；组织要求需考虑"业务发展阶段""财务承受能力""公司战略规划"。由此，薪酬报告为企业薪酬预算的编制提供市场依据。

第八章
内部薪酬评估确定方向
——六个维度甄别管理问题

外部薪酬调研评估企业的薪酬竞争力、薪酬政策的科学性、激励性以及调薪策略，而企业内部薪酬激励管理怎么样，薪酬政策是否需要调整以及如何调整，是政策性问题还是执行性问题或是其他政策影响等，都需要定期进行评估审视。通过评估审视才能明确薪酬政策是否需要调整，由此可见内部薪酬评估的重要性。

8.1 薪酬政策有效性评估——四个维度评估薪酬制度

薪酬政策体系评估主要是评估企业薪酬政策制度的完整性、薪酬政策内容的合法合规性、薪酬政策的激励性以及薪酬政策的有效运行性。如果是集团化的企业还要对二级单位的薪酬政策进行评估审视，以保持政策的一致性。具体评估内容如表8-1所示：

表8-1 薪酬政策体系评估表

评估项目	评估关键内容
完整性	薪酬政策是否完整 薪酬激励及分配是否有制度可依等
执行性	薪酬政策整体覆盖性 二级单位是否执行或转化执行，是否按规定执行等
合法合规性	薪酬政策的内容是否合法 有无与国家或地方法规相冲突的内容 是否严格按制度执行
激励性	薪酬的激励性如何 是否对不同类别人员都能有效激励

8.2 薪酬标准执行性评估——影响薪酬执行因素分析

评估各单位是否按政策水平及规定的比例分布执行员工工资评定，然后还应进一步分析不按规定比例分布执行是什么原因导致，是管理者不执行政策，还是员工素质结构变化，是管理者为降低成本压力有意压低员工收入，还是薪酬政策本身设计的水平偏高或偏低等。若是政策设计水平的问题，应及时对政策进行评估并调整，若是管理问题应及时纠偏。

案例 8.1：某企业薪酬标准执行性评估

表 8-2 某企业薪酬标准执行性评估表

人员层级	评估	总监	高级经理	经理	主管	……
低于下限	设计比例	0%	0%	0%	0%	
	实际比例	0%	0%	8%	10%	
	差异	0%	0%	8%	10%	
处于下带宽	设计比例	40%	40%	25%	30%	
	实际比例	30%	30%	40%	30%	
	差异	−10%	−10%	15%	0%	
中限	设计比例	30%	30%	30%	30%	
	实际比例	35%	40%	35%	35%	
	差异	5%	10%	5%	5%	
处于上带宽	设计比例	30%	30%	30%	30%	
	实际比例	25%	30%	20%	25%	
	差异	−5%	0%	−10%	−5%	
高于上限	设计比例	0%	0%	0%	0%	
	实际比例	10%	5%	0%	0%	
	差异	10%	5%	0%	0%	

从以上评估结果看，各类人员都存在薪酬政策执行性不佳的问题。总监层偏高，而经理及主管层偏低。对于评估结果中的 4 种情形应引起重视，仔细寻找导致这些情形的影响因素，并予以纠正。具体如表 8-3 所示：

表 8-3 影响薪酬标准执行性因素汇总表

薪酬水平执行性	评估关注
低于下限	• 薪酬政策水平设计过高？ • 个别部门或所有部门存在此问题？ • 处于下限的人员稳定性如何？ • 人员素质整体偏低？
处于下带宽	• 薪酬政策设计水平过高？ • 个别部门或所有部门存在此问题？ • 管理者为降低成本有意压低员工收入？ • 处于下宽带的人员稳定性如何？ • 人员素质整体偏低？
处于上带宽	• 薪酬政策水平设计偏低？ • 企业效益好，调薪人数多、比例大？ • 管理者充当老好人，不关注成本，有意提高员工收入？ • 人员素质整体偏高？ • 员工流失率有没有上升？
高于上限	• 薪酬政策水平设计偏低？ • 企业效益好，调薪人数多、比例大？ • 市场人才竞争性加强，为保留人才不得不突破上限？ • 管理者不执行政策，私自为员工破格调薪？ • 人员结构整体水平高，个人价值竞争强？ • 员工流失是否加速？

8.3　员工结构性收入评估——结构占比实际变化分析

　　企业的薪酬政策对薪酬结构占比会有明确的设计，而实际执行时各结构项目都与相应的制度指标挂钩，受相应考核结果的影响。这种影响自然会导致设计水平与实际水平发生差异，这就带来了实际结构占比的差异。对于差异要分析评估其是否合理，若不合理应及时纠偏。表 8-4 和表 8-5 为薪酬结构占比评估示例。

案例 8.2：某企业内部薪酬结构占比评估

表 8-4 固定收入占比评估表

人员层级	政策标准 金额（元）	政策标准 占比	实际水平 金额（元）	实际水平 占比	差异 金额差（元）	差异 占比差	差异变化 金额差（元）	差异变化 占比差	评估分析及建议
总监	A	M%	a	m%	a-A	(m-M)%	增加	增大	• 两类差异都增加，固定收入绝对增加，薪酬的吸引力增强，但激励性减弱； • 适当调整薪酬结构，减少固定收入占比，提高变动收入占比，提高薪酬激励性。
高级经理	B	N%	b	n%	b-B	(n-N)%	增加	减少	• 固定收入占比下降，薪酬吸引力减弱，激励性增强。
经理	C	G%	c	g%	c-C	(g-G)%	减少	增大	• 固定收入占比上升，薪酬吸引力增强，激励性减弱。
主管	D	H%	d	h%	d-D	(h-H)%	减少	减少	• 两类差异都减少，固定收入绝对减少，薪酬的吸引力减弱，但激励性增强； • 适当调整薪酬结构，增加固定收入占比，减少变动收入占比，提高薪酬吸引力。
四级工程师	……								

续表

人员层级	政策标准		实际水平		差异		差异变化		评估分析及建议
	金额（元）	占比	金额（元）	占比	金额差（元）	占比差	金额差（元）	占比差	
三级工程师	……								
二级工程师	……								
一级工程师	……								

表 8-5 变动收入占比评估表

人员层级	政策标准		实际水平		差异		差异变化		评估分析及建议
	金额（元）	占比	金额（元）	占比	金额差（元）	占比差	金额差（元）	占比差	
总监	A	M%	a	m%	a−A	(m−M)%	增加	增大	• 两类差异都增加，变动收入绝对增加，薪酬的激励性增强，但吸引力减弱； • 适当调整薪酬结构，减少变动收入占比，提高固定收入占比，提高薪酬吸引力。
高级经理	B	N%	b	n%	b−B	(n−N)%	增加	减少	• 变动收入占比下降，薪酬激励性减弱，吸引力增强。

续表

人员层级	政策标准		实际水平		差异		差异变化		评估分析及建议
	金额（元）	占比	金额（元）	占比	金额差（元）	占比差	金额差（元）	占比差	
经理	C	G%	c	g%	c-C	(g-G)%	减少	增大	• 变动收入占比上升，薪酬激励性增强，吸引力减弱。
主管	D	H%	d	h%	d-D	(h-H)%	减少	减少	• 两类差异都减少，变动收入绝对减少，薪酬的激励性减弱，但吸引力增强； • 适当调整薪酬结构，增加变动收入占比，减少固定收入占比，提高薪酬激励性。
……									

8.4 实发与标准差异评估——全面分析收入影响因素

由于薪酬发放受绩效、奖惩、补贴、福利、个税、"五险一金"等因素的影响，员工实发薪酬与标准收入往往有所差异。是什么因素带来如此影响，企业又如何去优化，员工是否认同这些差异，这些都是非常重要的内容。因此，应定期对员工的实发薪酬与标准收入进行对比分析，最终明确相关因素对薪酬政策的影响，通过调整内部相关激励政策减少影响差异的因素，保证薪酬政策的正常运行。以下是影响薪酬实发的主要因素：

1. 绩效影响

薪酬实发受组织绩效和个人绩效的影响。薪酬实发与组织绩效成正比，组织绩效越高，薪酬实发越高；薪酬实发与个人绩效也成正比，个人绩效越好，薪酬实发越高。

2. 公司制度影响

薪酬实发受公司制度的影响，如奖惩、补贴、福利等，都会导致薪酬实发增加或减少。

3. 国家政策影响

薪酬实发还受相关国家政策的影响，如个税政策、"五险一金"等，按法律规定必须扣除，导致薪酬实发比标准减少。

案例 8.3：某企业薪酬实发与标准收入差异评估

表 8-6　某企业薪酬实发与标准收入差异评估表

人员层次			总监	高级经理	经理	主管	……
标准收入（元）			×××	×××	×××	×××	
实发收入（元）			×××	×××	×××	×××	
差异		金额（元）	×	×	×	×	
		比例（%）	×	×	×	×	
绩效影响	组织绩效	金额（元）	×	×	×	×	
		比例（%）	×	×	×	×	
	个人绩效	金额（元）	×	×	×	×	
		比例（%）	×	×	×	×	
公司制度影响	奖惩	金额（元）	×	×	×	×	
		比例（%）	×	×	×	×	
	补贴	金额（元）	×	×	×	×	
		比例（%）	×	×	×	×	
	福利	金额（元）	×	×	×	×	
		比例（%）	×	×	×	×	
国家政策影响	个税	金额（元）	×	×	×	×	
		比例（%）	×	×	×	×	
	"五险一金"	金额（元）	×	×	×	×	
		比例（%）	×	×	×	×	

8.5 职类间人员薪酬评估——激励结果是否符合设计

企业在设计薪酬政策时，受"为职位（职类）付薪"导向的影响，会对不同职类人员的收入政策进行差异性设计。但薪酬政策在实际执行过程中同样受绩效等因素影响，有可能会出现"低政策高实际收入"的情况，让薪酬激励倒挂。定期对不同职类人员薪酬进行评估，可以及时对相关政策进行修订。

案例 8.4：某企业不同职类人员薪酬执行评估

表 8-7　某企业不同职类人员薪酬执行评估表

人员层次		评估	总监	高级经理	经理	主管	……
A 类		政策标准（元）	×××	×××	×××	×××	
		实际收入（元）	×××	×××	×××	×××	
		金额（元）	×××	×××	×××	×××	
B 类		政策标准（元）	×××	×××	×××	×××	
		实际收入（元）	×××	×××	×××	×××	
		差异（元）	×××	×××	×××	×××	
A 类与 B 类对比	标准比标准	金额（元）	×	×	×	×	
		比例（%）					
	实际比实际	金额（元）	×	×	×	×	
		比例（%）					
绩效影响		金额（元）	×	×	×	×	
		比例（%）					
其他激励影响		金额（元）	×	×	×	×	
		比例（%）					

8.6　内培外聘收入差评估——缩小收入差距解决方法

内部培养人才与外聘人才收入差异是困扰很多企业的问题。企业为吸引人才，不断按市场规则来制定招聘政策，造成招聘人才收入高。而企业因成本等方面的压力又不可能大幅调整员工收入，自然造成外聘人才与内部员工收入的差距。这种差距多大为好，持续时间多长可接受，对员工的影响度多大，都需进行相应的评估。

案例 8.5：某企业内部人才与外聘人才收入差异评估

表 8-8　某企业内部人才与外聘人才收入差异评估表

级别	内部人才年收入（万元）最低值	均值	最高值	外聘人才年收入（万元）最低值	均值	最高值	内部比外聘的差额（万元）最低值	均值	最高值	内部比外聘的差幅 最低值	均值	最高值
总监	11.7	20.5	36.4	11.3	25	40	−3.6	−4.5	0.4	−10%	−22%	3%
高级经理	7.8	15.2	34.1	7.3	19	38	−3.9	−3.8	0.5	−11%	−25%	6%
经理	5.5	11.7	31.9	6	13	35	−3.1	−1.3	−0.5	−10%	−11%	−9%
主管	2.1	8.7	22	2.5	10	28	−6	−1.3	−0.4	−27%	−15%	−19%
……												

外聘人才薪酬水平高于内部人才薪酬水平是企业普遍存在的问题，其存在也有一定的合理性。一般情况下，企业允许这种情况存在，但需对其差异情况进行重点分析，评估相关人才能力及岗位价值，具体如下：

1. 个人素质高、业务绩效优秀、竞争力强、企业重点岗位急需的外聘人才，应继续保持其薪酬水平。通过企业薪酬政策和内部人才薪酬的调整，使其逐步纳入相应带宽范围之内。

2. 个人素质高，但现岗位价值一般的外聘人才，即所谓的"低岗高配"，应对其岗位进行调整，使其个人价值得到最大限度的发挥。

3. 人才素质一般、岗位价值普通的外聘人才，可考虑对其进行薪酬调整。

第九章

满意度敬业度调查报告
——从另一视角来审视薪酬

9.1 满意度敬业度调查要素——五个要素和四个方面

9.1.1 满意度调查管理要素

员工满意度是员工对现任工作的整体印象和看法。通过满意度调查可以帮助组织了解员工的工作态度，为预测其工作效率和稳定性提供信息，及时制定方案采取措施来进行改善，提升员工满意度。员工满意度通常包含两个层面，即总体满意度和分项满意度。总体满意度反映了员工对当前工作以及所在企业的整体印象；分项满意度是员工对企业和工作涉及的细节方面的满意度，比如薪酬、工作环境等。具体管理框架如下：

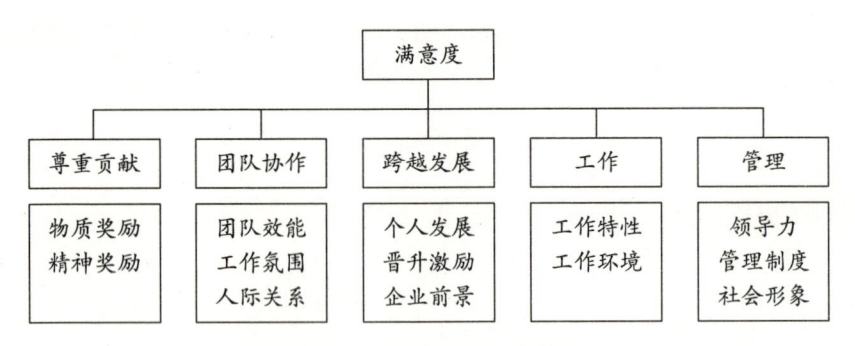

```
                        满意度
    ┌──────┬──────┬──────┬──────┐
  尊重贡献  团队协作  跨越发展   工作    管理
  物质奖励  团队效能  个人发展  工作特性  领导力
  精神奖励  工作氛围  晋升激励  工作环境  管理制度
           人际关系  企业前景           社会形象
```

图 9-1 满意度管理框架

9.1.2 敬业度调查管理要素

员工敬业度是员工在组织中对其工作的承诺和责任心。通过敬业度调查可以帮助组织了解员工自主努力的程度，预测员工工作绩效，发现驱动敬业的因素并制定有针对性的整改方案。敬业度分析主要围绕敬业度的驱动因素展开，即能够提升员工敬业度的因素。敬业度驱动因素模型包括工作回报、培养发展、领导力、文化愿景共 4 方面 20 项驱动因素，这些因素均与人才管理相关。具体管理框架如图 9-2 所示：

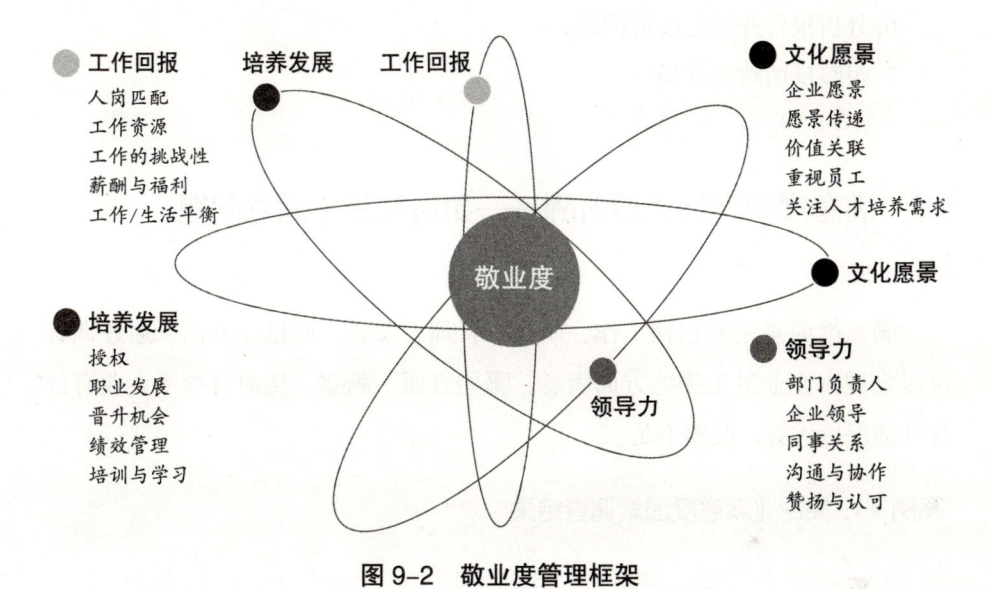

工作回报
人岗匹配
工作资源
工作的挑战性
薪酬与福利
工作/生活平衡

培养发展
授权
职业发展
晋升机会
绩效管理
培训与学习

文化愿景
企业愿景
愿景传递
价值关联
重视员工
关注人才培养需求

领导力
部门负责人
企业领导
同事关系
沟通与协作
赞扬与认可

图 9-2　敬业度管理框架

企业需定期进行满意度和敬业度调查，及时发现问题并给予关注和整改。特别是员工关注的薪酬激励、晋升激励等，更应给予重点关注。

9.2　满意度敬业度调查流程——七个管理流程和节点

对员工满意度敬业度进行调查需要有一个整体的策划和调查分析工具。调查通常以问卷调查等形式，收集员工对企业管理各个方面满意程度的信息，通过后续专业、科学的数据统计和分析，真实地反映公司经营管理现状，为企业管理者决策提供客观的参考依据。员工满意度敬业度调查一般包括 7 个流程节点，具体如下：

1. 获得公司决策者的认同；
2. 制定调查工作计划；
3. 策划调查方案；
4. 组织实施调查；
5. 编制调查报告；
6. 分析报告并制定改进措施；
7. 跟踪反馈整改结果。

9.3 满意度调查结果看薪酬——如何聚焦不满意问题

满意度因素主要包括工作、团队、管理、发展、回报等方面。通过调查可以发现本企业员工哪些方面满意，哪些方面不满意，从而有利于企业有选择性地保持优势，改善不足。

案例 9.1：某企业满意度因素调查结果

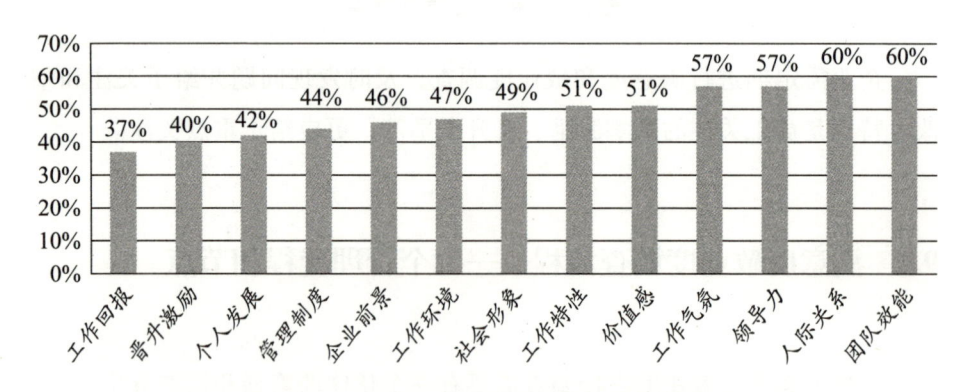

因素	满意度
工作回报	37%
晋升激励	40%
个人发展	42%
管理制度	44%
企业前景	46%
工作环境	47%
社会形象	49%
工作特性	51%
价值感	51%
工作气氛	57%
领导力	57%
人际关系	60%
团队效能	60%

图 9-3　某企业满意度因素调查结果

从某企业满意度调查结果来看，员工最不满意的前 3 位因素分别是工作回报、晋升激励、个人发展。这 3 个因素都是薪酬激励的关联因素，因此薪酬激励制度调查应尽快推进，否则会造成员工绩效低下，甚至流失优秀员工。

9.4 敬业度调查结果看薪酬——如何聚焦非敬业因素

敬业度因素主要包括工作回报、培训发展、领导力、文化愿景等方面。通过调查可以发现哪些因素使企业员工敬业度高，从而有利于企业有方向性地调整管理思路或相关政策。

案例 9.2：某企业敬业度因素调查结果

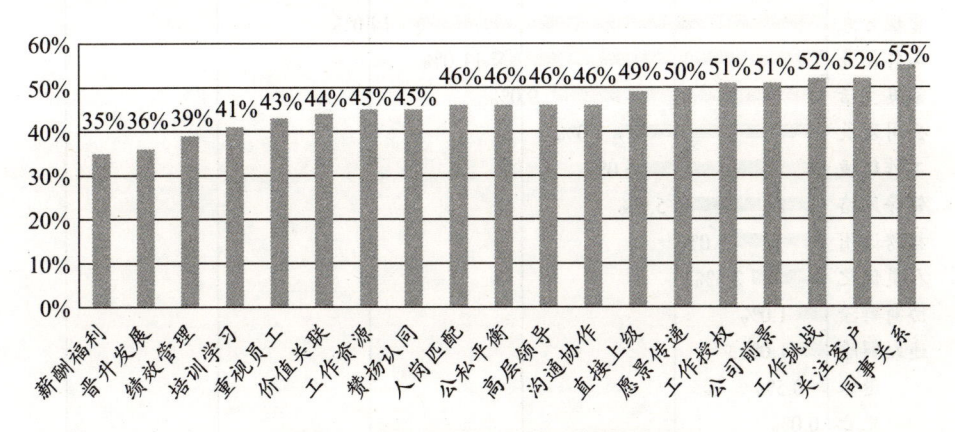

因素	百分比
薪酬福利	35%
晋升发展	36%
绩效管理	39%
培训学习	41%
重视员工	43%
价值关联	44%
工作资源	45%
赞扬认同	45%
人岗匹配	46%
公私平衡	46%
高层领导	46%
沟通协作	46%
直接上级	49%
愿景传递	50%
工作授权	51%
公司前景	51%
工作挑战	52%
关注客户	52%
同事关系	55%

图9-4　某企业敬业度因素调查结果

从某企业敬业度调查结果来看，员工敬业因素较低的前3位分别是薪酬福利、晋升发展、绩效管理。企业应进行这3方面的分析评估，及时找出问题并纠偏。

9.5 流失率分析报告看薪酬——如何聚焦流失真动因

员工流失分析是满意度敬业度分析报告中非常重要的内容，尤其是流失原因的分析可以快速准确了解员工满意度及敬业度情况。员工流失分析的核心内容主要包括员工流失总量分析、员工流失结构分析、员工流失原因分析3个方面。而员工流失原因分析又是其中的重中之重。

员工流失原因各不相同，只有对所有的流失原因进行总结归纳，并经过提炼，才能最终确定影响员工流失的主要原因，进而保证后续改善措施的针对性和准确性。

案例9.3：某企业员工流失原因分析

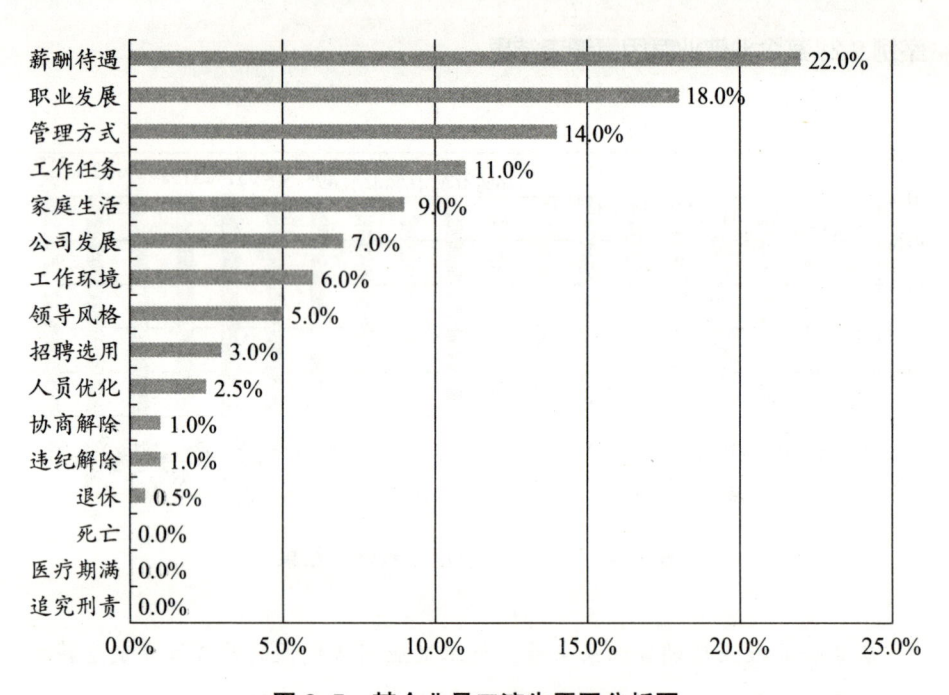

流失原因	百分比
薪酬待遇	22.0%
职业发展	18.0%
管理方式	14.0%
工作任务	11.0%
家庭生活	9.0%
公司发展	7.0%
工作环境	6.0%
领导风格	5.0%
招聘选用	3.0%
人员优化	2.5%
协商解除	1.0%
违纪解除	1.0%
退休	0.5%
死亡	0.0%
医疗期满	0.0%
追究刑责	0.0%

图 9-5　某企业员工流失原因分析图

某企业流失原因分析显示，前3位流失原因分别是薪酬待遇、职业发展和管理方式，而薪酬待遇是员工流失的首要因素。

想要减少流失，留住人才，企业需要仔细分析员工的需求并及时给予满足。丰富工作回报类型，采取短期薪酬、中期薪酬、长期薪酬相结合，使激励多类型、多层次，吸引不同人才；优化企业组织，扁平化、精兵简政、提高效率。只有这样，才能最终实现企业和员工的双赢。

第十章
宽带薪酬设计应用管理
——轻松解决职位能力价差

10.1 宽带薪酬基本概念——宽带薪酬的优缺点

10.1.1 宽带薪酬概念

宽带薪酬相对于大家熟悉的传统薪酬结构设计方式，其设计理念是将多个薪酬等级以及薪酬变动范围进行优化组合，形成只有相对较少的薪酬等级以及相对较宽的薪酬变动范围，即在薪酬政策框架中用少数跨度较大的工资范围来代替原有数量较多的工资级别的跨度范围，将原来十几甚至二十几、三十几个薪酬等级压缩成几个级别，取消原来狭窄的工资级别带来的明显的等级差别。同时，将每一个薪酬级别所对应的薪酬浮动范围拉大，从而形成一种新的薪酬管理体系。

说到宽带薪酬，不得不提及容易造成混淆的薪酬带宽的概念。薪酬带宽是指薪酬上限至下限的区间，即每一个薪级下限到上限的差幅，通常用百分比表示。比如第 5 级的薪酬区间是 4500 至 6500 元，那么带宽就是 44.4%，即（6500–4500）/4500=44.4%。而宽带薪酬是指带宽较宽的薪酬，通常在 100% 以上。与宽带薪酬相对应的窄带薪酬则是薪酬带宽较窄，通常在 100% 以内，是传统的以职位为依据的薪酬体系。

10.1.2 宽带薪酬优缺点

由于宽带薪酬体系改变了传统窄带薪酬的弊端，宽带薪酬也越来越受到企业的欢迎。宽带薪酬与窄带薪酬是相对的概念，两者的优缺点如表 10-1 所示。

表 10-1 宽带薪酬与窄带薪酬的优缺点

类别	优点	缺点
宽带薪酬	• 薪级少，效率高，灵活度大 减少了工作之间的等级差别，有利于企业提高效率，同时有助于企业保持自身结构的灵活性和外部环境的适应性 • 促进组织及个人绩效的提高 将薪酬与员工的实际能力和工作效率结合起来，更为灵活地对员工进行激励 • 有利于员工全面的发展 薪酬的高低是由员工的个人能力来决定的，员工会很乐意通过轮岗等方式来提升自身能力，以此来获得更大的回报 • 注重薪酬市场对接 宽带薪酬的数据是以市场调查数据以及企业工资定位来确定的，需要定期对薪酬市场竞争力进行分析	• 晋升激励的缺乏 中高层职位大大减少了，同一级别的员工人数增多了，导致员工的晋升压力变大，缺乏晋升激励 • 对绩效考核体系有较高要求 宽带薪酬是以绩效为导向的薪酬制度，绩效考核是宽带薪酬的基础 • 加大成本压力 前期需要花费大量的人力、物力、财力来进行设计以及资料的收集，以达到适合企业特点的薪酬制度。宽带薪酬模式下员工的轮岗增多，大量的岗前培训花费也很大 • 透明度欠佳影响公平感 绩效导向的薪酬水平与市场薪酬水平做对比时没有统一的尺度，容易使员工产生外部不公平的感受。同一层级不同的岗位责任不同，绩效考核的指标也不同，没有参考的标准，很难找到合适于每个岗位的薪酬水平，易产生员工内部的不公平感 • 薪级难以明确地划分 对职务等级的压缩程度和薪级之间的界定没有具体标准，使级别的划分操作很困难
窄带薪酬	• 对员工晋升激励明显 • 便于管理，较少受到绩效考核体系的影响 • 透明度带来公平感	• 等级多，效率低，缺乏灵活度 • 不利于调动员工的积极性，导致低绩效 • 增加轮岗难度，不利于员工的全面发展

10.2 宽带薪酬体系要素——掌握要素用好功能

10.2.1 宽带薪酬体系要素

要想设计宽带薪酬体系，首先应明确宽带薪酬体系所包含的要素。宽带薪酬的设计主要包含以下几个要素：职位价值、薪级、薪档、带宽和岗级是宽带薪酬设计的必备要素；级差、等差数列、等比数列和线性回归是宽带薪酬设计方法中所需要了解的概念。各个要素所属类别如图 10-1 所示。

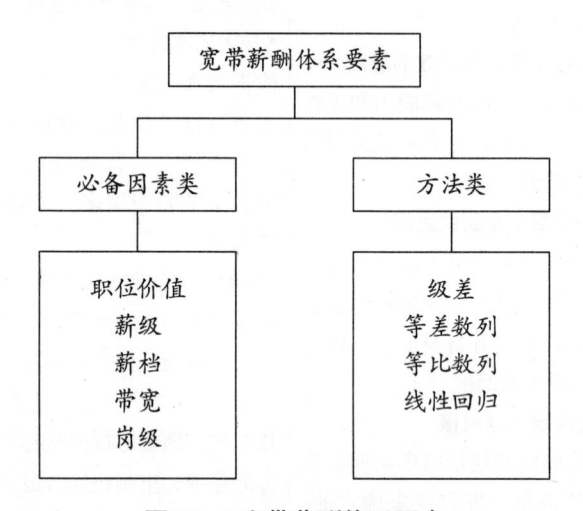

图 10-1 宽带薪酬体系要素

10.2.2 各要素的具体阐述

职位价值： 前文中已有定义，此处不再赘述。

薪级： 薪酬等级，是在岗位价值评估结果基础上建立起来的一个基本框架，它将岗位价值相近的岗位归入同一个管理等级，并采取一致的管理方法处理该等级内的薪酬管理问题。薪酬等级是一个基本框架，是薪酬结构的基础。

薪酬等级并不是越多越好。等级越多，薪酬管理制度和规范要求越明确，但容易导致机械化；等级越少，相应的灵活性也越高，但容易使薪酬管理失去控制。薪酬级别的划分可以参照一些经验，比如跨国公司一般分为25级，1000名左右的生产型企业分为15—16级，100人的组织9—10级比较合适。

薪档：每一个薪酬等级中，为了满足未来较长一段时间内该职位薪酬调整的需要并涵盖某个职位在套档前的薪酬，一般会设计几个薪酬档位。通常在给企业设计薪酬档位的时候，最少的档位划分是9档，最多的时候能达到13档。

在薪酬设计时，既要考虑相邻薪酬等级之间的重叠度，又要考虑某一薪酬等级的带宽问题，因此薪酬的档位并不是越多越好。如果薪酬档位太多，会导致薪酬带宽太大，则相邻薪酬等级的重叠度也就会越高，不利于职位等级的合理划分。薪酬档位也不宜过少，因为过少的薪酬档位意味着处在该薪酬等级内的员工加薪的空间较小，并且我们都清楚企业里的高等级职位永远都是稀缺的，所以通过宽带薪酬相当于给员工设计了一个薪酬发展通道——薪酬档位数量过少就意味着薪酬发展通道过短，会降低薪酬激励的效果。此外，过少的薪酬档位也会导致在职位评估之后，现有的薪酬带宽无法覆盖员工在职位评估之前的薪酬数值。虽然做薪酬设计并非为了加薪，而是为了理顺企业内部各个职位的相对价值高低，同时给薪酬调整提供合理依据。但从事实操作的角度看，职位价值评估完之后，可以不加薪或少加薪，但不太可能降薪，除非企业原有的薪酬定位就极高或者想解除劳动关系。

带宽：本章开篇已有介绍，此处不再赘述。

岗级：每一个薪酬档位所对应的薪资水平即为岗级。

级差：工资等级中相邻两级工资标准之间，高等级工资标准与低等级工资标准的相差数额表明不同等级的劳动，由于其劳动复杂程度和熟练程度不同，有不同的劳动报酬。工资级差可以用绝对额、级差百分比或工资等级系数表示。

等差数列：常见数列的一种，如果一个数列从第二项起，每一项与它前一项的差等于同一个常数，这个数列就叫作等差数列。

等比数列：如果一个数列从第二项起，每一项与它前一项的比值等于同一个常数的一种数列。

线性回归： 线性回归（Linear Regression）是利用称为线性回归方程的最小平方函数对一个或多个自变量和因变量之间关系进行建模的一种回归分析。这种函数是一个或多个称为回归系数的模型参数的线性组合。只有一个自变量的情况称为一元回归，大于一个自变量情况的叫作多元回归。本书中我们会涉及的是一元线性回归。为使各个要素的概念更加易于理解，以表10-2来进行描述。

表10-2 宽带薪酬示意表

岗级	年收入（万元）	薪级				
			三级			二级	一级
		标准	薪档	带宽	级差		
23	102000		13	(102000-60000)/60000×100%=70%	(81000-53000)/53000×100%=53%		
22	98500		12					
21	95000		11					
20	91500		10					
19	88000		9					
18	84500		8					
17	81000		7					
16	77500		6					
15	74000		5					
14	70500		4					
13	67000		3					
12	63500		2					
11	60000		1					
10	56500							
9	53000							
8	49500							
7	46000							
6	42500							
5	39000							
4	35500							
3	32000							
2	28500							
1	25000							

10.3 宽带薪酬设计技巧——两种方法科学设计

宽带薪酬设计步骤参考流程如图 10-2 所示：

- 确定薪酬策略
- 岗位分析
- 职位分类

↓

内部分析 〉

- 市场调研
- 对标分析

↓

外部分析 〉

- 设计薪酬结构
- 设计薪酬水平

↓

宽带体系设计 〉

- 薪酬套档
- 体系控制与调整

↓

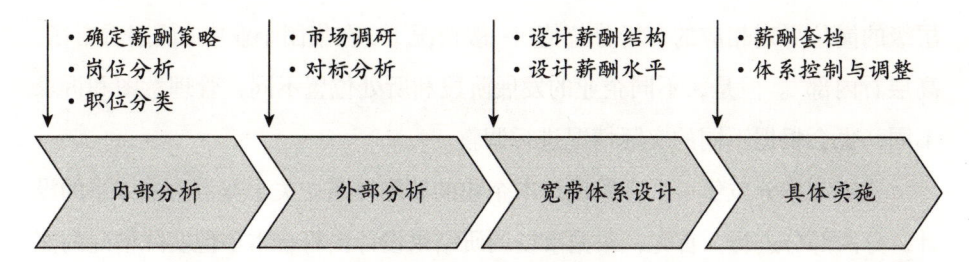

具体实施 〉

图 10-2 薪酬设计流程

1. 内部分析

（1）确定企业薪酬策略

企业的薪酬策略既要反映组织的战略需求，又要满足员工的期望。企业要明确各层级的人员薪酬支付策略，比如高层的领先市场、中层的和市场持平、基层的略低于市场平均薪酬水平等。

（2）岗位分析（略）

岗位分析在本书第二章中已进行具体的阐述。

（3）职位分类

根据企业战略、职位重要性、贡献度等因素将现有职位进行分类。比如企业一般会将当前战略发展所急需且贡献度比较大的职位定为 A 类职位，其他位置按照以上因素的程度分为 B 类、C 类、D 类等。为了方便管理，职位类别不宜过多，根据企业规模，一般 3—5 类较为合适。

2. 外部调研对标（略）

薪酬市场调查的方法和步骤已在第七章进行详细说明，此处不再赘述。

3. 宽带体系设计

在设计宽带体系之前，需要对市场薪酬数据进行处理。首先要对市场薪酬数据做 5%—10% 的上浮，才会对未来薪酬的水平设计在时效上予以保障；其次，要对分位值进行拆分，需要更多的分位值以备应用。

在对市场薪酬数据处理之后，需要确定企业的薪酬策略，也就是给不同层级的岗位界定相应的市场分位值。一般情况下，在集团企业中"低层看市场，高层看内部"。但是，不同企业的发展阶段和所处位置不同，管理意图和诉求不同，也会根据不同的实际情况进行调整。

确定市场分位值后，开始设计本企业的薪酬体系。关于宽带薪酬体系的设计，分两部分进行。首先，根据市场调研结果设计出符合本单位实际情况的宽带薪酬水平，明确薪级、每一级的带宽、上下限和中位值。其次，明确每一薪级的薪档和岗级。

（1）带宽的设计

①根据市场调研结果选取适合本企业现状的分位值

表 10-3　市场薪酬水平

（单位：年度/元）

等级	市场10分位	市场25分位	市场50分位	市场75分位	市场90分位	选取分位	各级选取分位值
20	431000	536500	840200	1087600	1357000	25	536500
19	369500	460400	714900	925900	1153800	25	460400
18	316800	395100	608300	788300	981100	25	395100
17	271600	339000	517600	671200	834200	25	339000
16	232800	298200	440400	571400	709300	25	298200
15	199600	264000	374700	486500	603100	25	264000
14	171100	214200	318800	414200	512800	25	214200
13	146700	183200	271200	352600	436000	25	183200
12	125700	157700	230800	300200	370700	25	157700
11	107800	135300	196300	255500	315200	25	135300
10	92400	123600	167000	217500	268000	25	123600
9	79200	99600	142100	185200	227800	25	99600
8	67900	85400	120900	157600	193700	25	85400

续表

等级	市场 10 分位	市场 25 分位	市场 50 分位	市场 75 分位	市场 90 分位	选取分位	各级选取分位值
7	58100	74300	102800	134200	164700	25	74300
6	49800	62900	87500	114200	140000	25	62900
5	42700	58400	74400	97200	119000	25	58400
4	36600	47300	63300	82700	101100	25	47300
3	31300	39600	53800	70400	86000	25	39600
2	26800	34000	45700	59900	73100	25	34000
1	23000	29100	38900	51000	62100	25	29100

②对所选取的分位数进行拟合回归得出，薪酬中位值水平

从表 10-3 中可以看出，在市场分位取值有差异处，其薪酬的增长率有明显的差异，这样会导致整个薪酬的走势不规则，将这些职级上的散点绘制成折线图可以看出，具体如图 10-3 所示。

薪酬（年度/元）

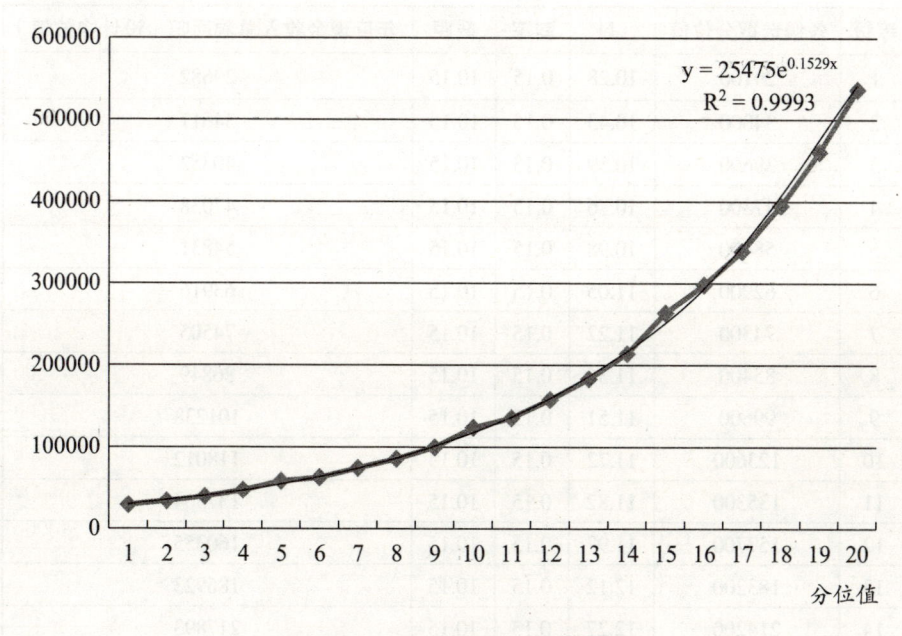

$y = 25475e^{0.1529x}$
$R^2 = 0.9993$

图 10-3　各分位值拟合回归图

从图 10-3 中可以看出有几处明显的不平滑处。因此，我们需要将这条曲线进行拟合回归，使不规则、不平滑的曲线变得更加平滑。

拟合回归的步骤如下：

首先，求出各分位值的 LN 值。因为薪酬水平值较大，一般采用数学方式转换为较小的值，通常会换算为 LN 值。LN 值的 excel 换算公式为："= LN(原数据)"，例如，计算 100 的以 E 为底的对数，在 excel 单位格中输入 "= LN (100)"。这样，就可以将本企业薪酬曲线中的薪酬数据分别转换成相应的对数。

其次，求斜率和截距。从示例曲线中可以看出，需要求出这条回归线任意一点的斜率和截距。斜率值的 excel 计算公式为："= SLOPE (某列对数，某列职位等级)"。而截距值的 excel 计算公式为："= INTERCEPT (某列对数，某列职位等级)"。

最后，根据公式求出回归值，即为本企业设计薪酬中位值。回归值的 excel 计算公式为："= E×P (斜率数值 × 职位等级 + 截距数值)"。

表 10-4　选取分位值进行回归

等级	各级选取分位值	LN	斜率	截距	年度现金收入总额回归（设计中位值）
1	29100	10.28	0.15	10.15	29682
2	34000	10.43	0.15	10.15	34617
3	39600	10.59	0.15	10.15	40352
4	47300	10.76	0.15	10.15	47038
5	58400	10.98	0.15	10.15	54831
6	62900	11.05	0.15	10.15	63916
7	74300	11.22	0.15	10.15	74505
8	85400	11.36	0.15	10.15	86849
9	99600	11.51	0.15	10.15	101238
10	123600	11.72	0.15	10.15	118012
11	135300	11.82	0.15	10.15	137564
12	157700	11.97	0.15	10.15	160355
13	183200	12.12	0.15	10.15	186923
14	214200	12.27	0.15	10.15	217893
15	264000	12.48	0.15	10.15	253993
16	298200	12.61	0.15	10.15	296075
17	339000	12.73	0.15	10.15	345129

续表

等级	各级选取分位值	LN	斜率	截距	年度现金收入总额回归（设计中位值）
18	395100	12.89	0.15	10.15	402310
19	460400	13.04	0.15	10.15	468965
20	536500	13.19	0.15	10.15	546663

从图10-4中可以看出：相较于根据原始数据画出的图，现在的曲线更加平滑。

薪酬（年度/元）

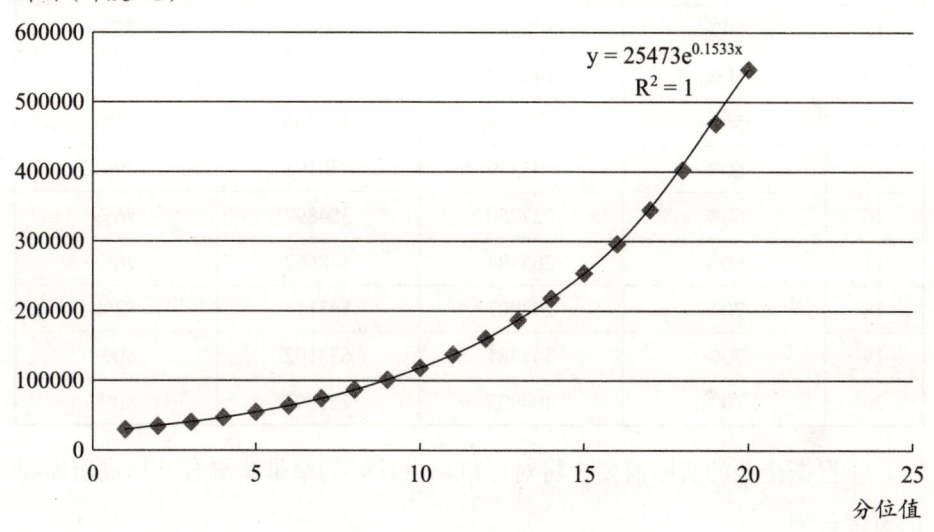

$y = 25473e^{0.1533x}$
$R^2 = 1$

图10-4 各分位值拟合回归图

③根据设计好的中位值点和带宽得出各薪级的最大值和最小值，从而得出完整的薪酬水平

表10-5 最大值、最小值及带宽重叠度设计

等级	带宽	最小值（年度/元）	最大值（年度/元）	重叠度
1	30%	25811	34135	0%
2	30%	30102	39810	48%
3	30%	35089	46405	49%
4	40%	39198	56445	64%

续表

等级	带宽	最小值（年度/元）	最大值（年度/元）	重叠度
5	40%	45693	65797	62%
6	40%	53263	76699	62%
7	40%	62088	89406	62%
8	40%	72374	104219	62%
9	50%	80991	126548	73%
10	50%	94409	147515	71%
11	50%	110051	171955	71%
12	50%	128284	200444	71%
13	50%	149539	233654	71%
14	50%	174314	272366	71%
15	60%	195379	330191	79%
16	60%	227750	384897	76%
17	60%	265484	448667	76%
18	70%	298007	543118	82%
19	70%	347381	633102	80%
20	70%	404935	737995	80%

④根据企业的实际需要，将对标市场设计好的窄带薪酬合并形成所需要的宽带薪酬

表10-6　最大值、最小值及带宽重叠度修正

等级	带宽	最小值（年度/元）	最大值（年度/元）	中位值（年度/元）	重叠度
1	80%	25380	45608	33985	0%
2	96%	38525	75381	58365	35%
3	104%	61021	124374	85433	39%
4	112%	92787	197001	135301	50%
5	121%	146969	324519	214194	48%
6	138%	223837	533787	339004	57%
7	112%	341413	725316	498405	62%

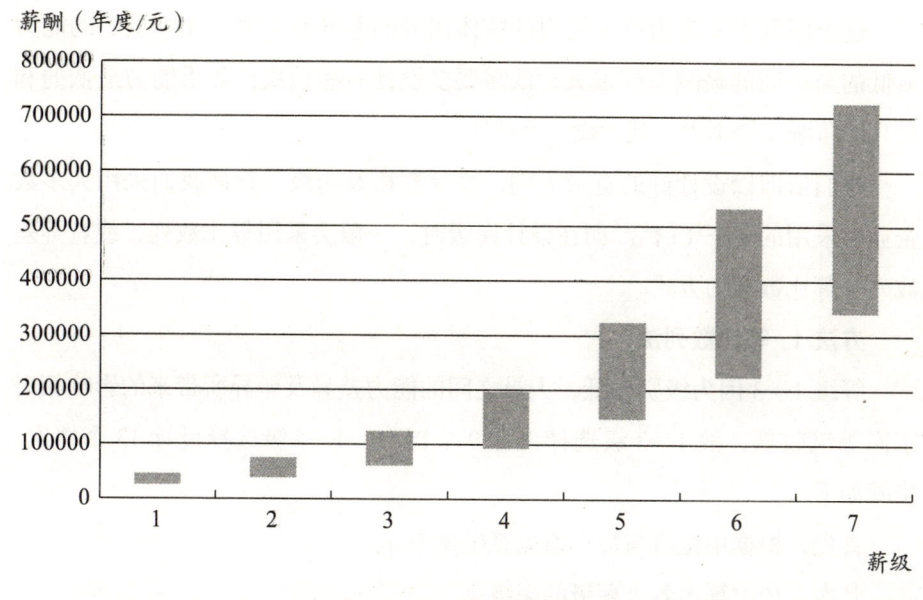

图 10-5　薪酬带宽图

此宽带薪酬的上下限幅度为 100%，且其薪酬重叠的范围在 35%—62%，属于适度重叠的范畴。

（2）薪档与岗级的设计

在设计完薪酬的带宽之后，接着要设计薪档的数量以及各个岗级。通常情况下，薪档的数量是奇数，这是因为薪酬有中位值，在中位值向上和向下的档位数量要一致。

薪档设计的影响因素主要有以下 3 个方面：

因素一：档位间的薪酬差异，即每次升/降的薪酬调整幅度。

员工薪酬调整的幅度如果频繁，可以在薪档上设置得更多一些。比如保安人员，有的企业为了留住保安人员，给予即时的激励，如果近几个月的表现非常出色，给其增加一定的薪酬。在这样的情况下，保安人员的薪档就需要设置得多一些。

因素二：员工的晋升空间，即多长时间晋升、如何晋升。

要考虑员工晋升的空间大小，大概需要多久才能晋升，比如一位人力资源专员，需要两至三年才能晋升为人力资源主管，那么就是预估在人力资源专员的岗位上两至三年是否在薪酬上有足够的上升空间。

因素三：员工间的整体差异间隔，即需要多少层次来进行区分。

这个因素主要是指员工能力的整体间隔的差异有多大，比如员工的能力最低的与最高的薪酬差异很大，就需要多设计一些档次，如果能力最低的和最高的薪酬差异不大，就少设一些档次。

我们依旧以设计好的宽带为例，设计薪档及岗级。薪档我们采用大多数企业所采用的 11—13 档。而在设计岗级时，一般会采用等比数列，或者等差数列+等比数列的方式。

方法 1：等比数列法

等级 1—3 因为级别较低，人员之间的能力差异及差异所带来的影响相对于高等级较低，故 1—3 级选择设计 9 个档次，4—7 级选择设计 13 个档次。步骤如下：

首先，根据中位值与最小值先算出比率 q。

其次，依次算出各个薪级的岗级。

最后，完成完整的薪酬水平图。

表 10-7　等比数列法得出带宽图

岗级	年收入（元）	七级	六级	五级	四级	三级	二级	一级
56	631374							
55	599841							
54	569883							
53	541421							
52	514380							
51	488691							
50	464284							
49	444448							
48	419756							
47	396436							
46	374411							
45	353610							
44	333965							
43	315411							
42	297888							

续表

岗级	年收入（元）	七级	六级	五级	四级	三级	二级	一级
41	281338							
40	278500							
39	264053							
38	250356							
37	237370							
36	225057							
35	213383							
34	202314							
33	191820							
32	181869							
31	171523							
30	162962							
29	154829							
28	147101							
27	139759							
26	132783							
25	126155							
24	119859							
23	109851							
22	102067							
21	94836							
20	88116							
19	81873							
18	76072							
17	70682							
16	67489							
15	62921							
14	58662							
13	54692							

续表

岗级	年收入（元）	七级	六级	五级	四级	三级	二级	一级
12	50990							
11	47539							
10	44321							
9	41905							
8	39359							
7	36967							
6	34721							
5	32612							
4	30630							
3	28769							
2	27021							
1	25380							

方法2：等差数列 + 等比数列法

因低层级的人员之间的能力差异及差异所带来的影响相对于高等级较低，故1—23级选择使用等差数列的方式，24级及以上选择用等比数列。步骤如下：

首先，分别用等差数列和等比数列核算出各个岗级。

其次，依次算出各个薪级的岗级。

最后，完成完整的薪酬水平图。

表10-8 等差数列 + 等比数列法得出带宽图

岗级	年收入（元）	七级	六级	五级	四级	三级	二级	一级
56	631374							
55	599841							
54	569883							
53	541421							
52	514380							
51	488691							
50	464284							

续表

岗级	年收入（元）	七级	六级	五级	四级	三级	二级	一级
49	444448							
48	419756							
47	396436							
46	374411							
45	353610							
44	333965							
43	315411							
42	297888							
41	281338							
40	278500							
39	264053							
38	250356							
37	237370							
36	225057							
35	213383							
34	202314							
33	191820							
32	181869							
31	171523							
30	162962							
29	154829							
28	147101							
27	139759							
26	132783							
25	126155							
24	119859							
23	102000							

续表

岗级	年收入（元）	七级	六级	五级	四级	三级	二级	一级
22	98500							
21	95000							
20	91500							
19	88000							
18	84500							
17	81000							
16	77500							
15	74000							
14	70500							
13	67000							
12	63500							
11	60000							
10	56500							
9	53000							
8	49500							
7	46000							
6	42500							
5	39000							
4	35500							
3	32000							
2	28500							
1	25000							

（3）薪酬设计注意事项

①薪酬重叠度设计

薪酬重叠度是指薪酬相邻两个职级之间的重叠比例，在企业职级数量固定的前提下，重叠度越低，薪酬曲线越陡，反之则相反。薪酬重叠度对整个薪酬设计方案起着至关重要的影响。

现有的薪酬重叠度有以下3种类型：

- 无重叠度的薪酬设计；
- 大部分重叠的薪酬设计；
- 适度重叠的薪酬设计。

3种类型的薪酬设计如图10-6所示：

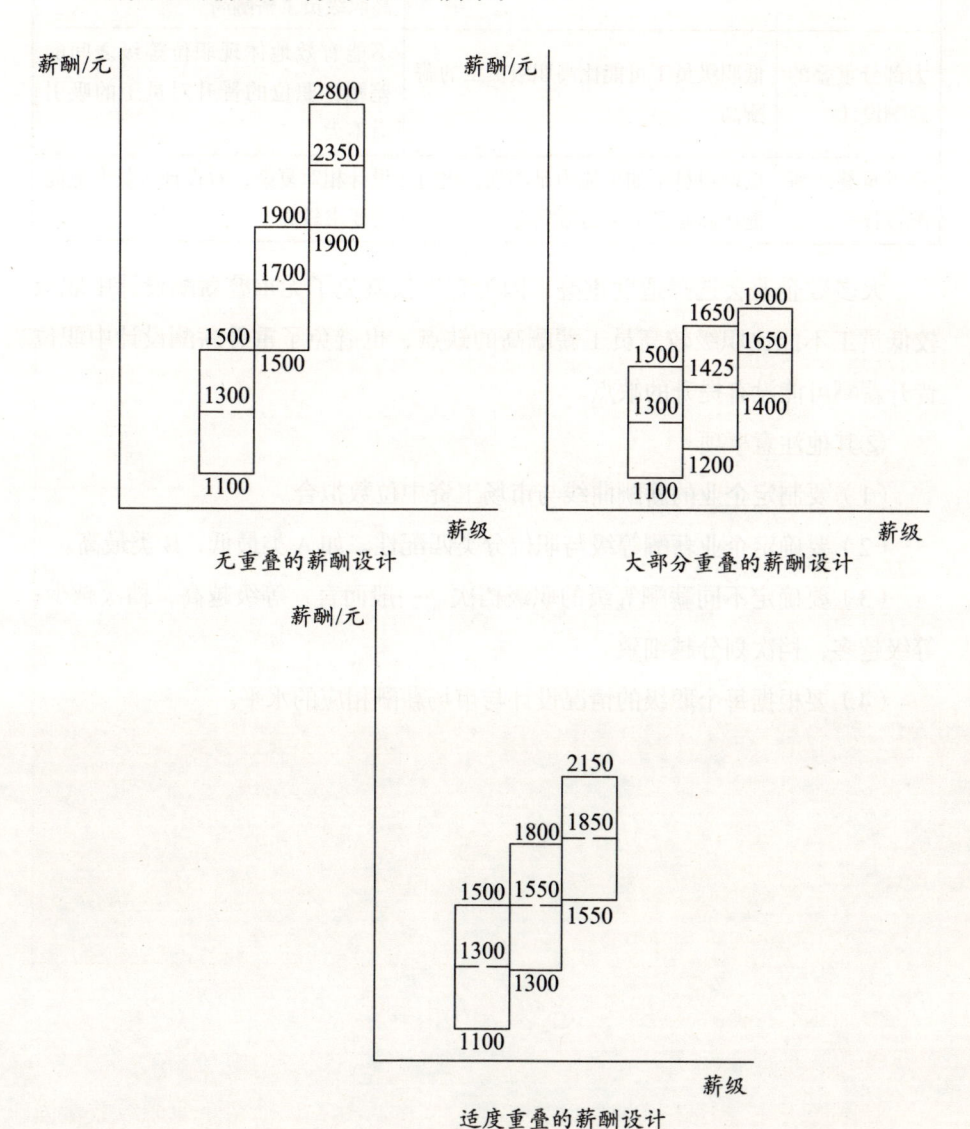

图 10-6 三种薪酬重叠度

三种薪酬重叠度设计的优缺点对比如表 10-9 所示：

表 10-9　三种薪酬重叠度设计的优缺点

类型	优点	缺点
无重叠度的薪酬设计	职位晋升对员工有较大的影响，只要职位晋升，薪酬定会增加	弱化了员工之间能力的差异，低职级员工即使能力再强，也不可能比高职级员工薪酬高
大部分重叠的薪酬设计	低职级员工可能比高职级员工的薪酬高	不能有效地体现职位等级之间的差距，职位的晋升对员工的吸引力不大
适度重叠的薪酬设计	低职级员工如果能力足够强，也可能比高职级员工的薪酬高	设计相对复杂，对设计人员专业能力要求较高

大多数企业会选择适度重叠，因为它不仅避免了无重叠薪酬设计中职级较低员工不能比职级较高员工薪酬高的缺点，也避免了重叠薪酬设计中职位晋升薪酬可能没有提升的缺点。

②其他注意事项

（1）要制定企业的薪酬曲线与市场工资中位数拟合。

（2）要确定企业薪酬等级与职位分类匹配性。如 A 类最低，G 类最高。

（3）要确定不同薪酬等级的职级档次。一般而言，等级越高，档次越少；等级越多，档次划分越细致。

（4）要根据每个职级的情况设计与市场薪酬相应的水平。

第十一章

薪酬福利预算管理体系
——效能导向有预算有钱花

11.1　薪酬预算管理概述——广义狭义薪酬预算

薪酬预算是通过对企业内外部环境的分析，在决策与预测基础上，调配相应的资源，对企业未来一定时期内，为员工支付的成本作出一系列具体计划。薪酬预算有广义和狭义之分。

狭义薪酬预算是对企业为员工支付的经济性报酬进行预算，包含以现金和实物形式支付给员工所有看得见的经济性报酬。

广义薪酬预算是对经济性薪酬和非经济性薪酬进行一系列具体计划。除了企业支付给员工看得见的劳动报酬，还包括企业对员工精神层面的付出和培养等。通过建立全面的薪酬预算体系，科学有效地达到人力资源投入产出效果，使企业薪酬预算最优化。

11.2　战略薪酬预算模型——三位一体预算模型

战略薪酬预算以企业发展战略为依据，根据企业某一阶段的内外部总体情况，正确选择薪酬战略，系统设计薪酬体系，并实施动态管理，以促进企业战略目标的实现。

11.2.1　三位一体预算管理模型

企业编制薪酬预算的第一步是建立战略性薪酬预算模型。战略薪酬预算

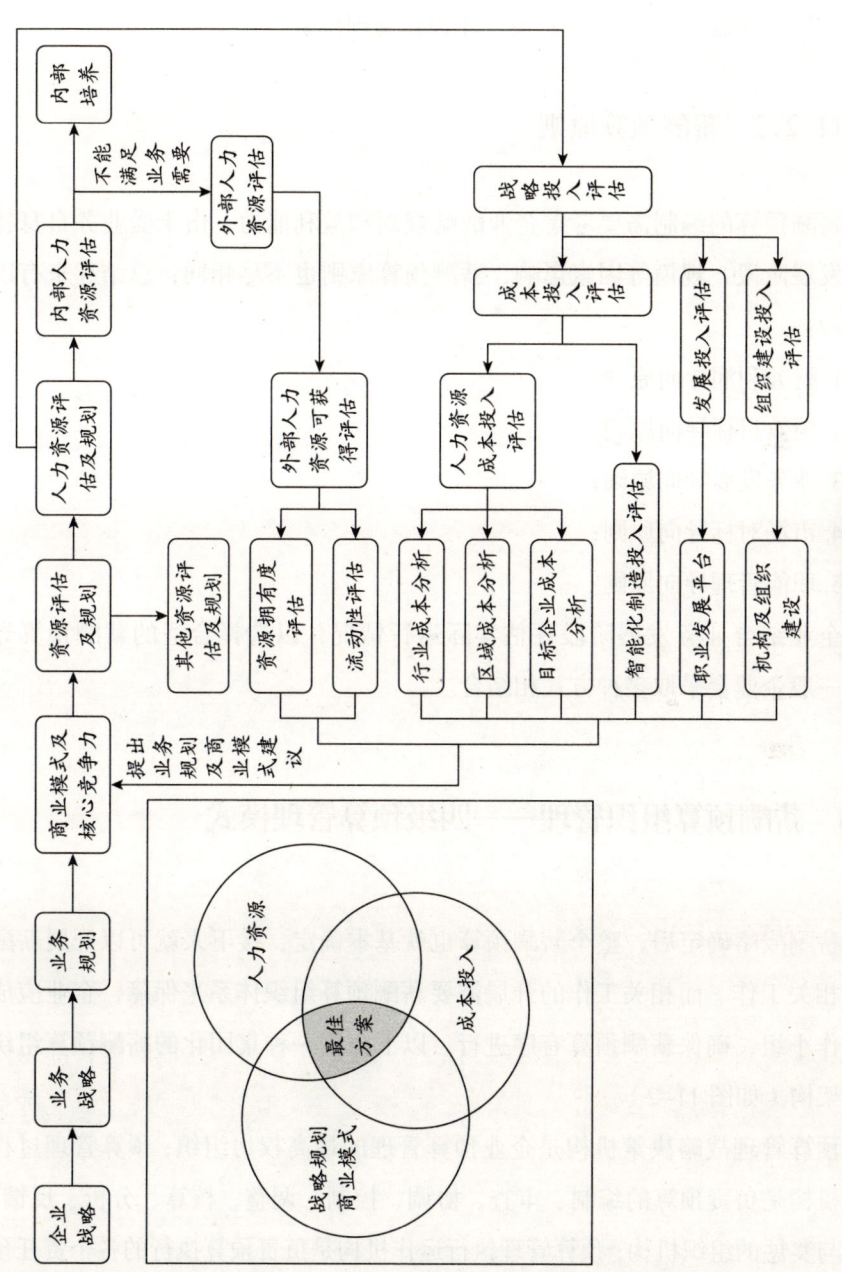

图 11-1 三位一体预算管理模型

模型以企业战略及业务战略为导向、以最佳的战略性薪酬投入为目标进行设计，通过"商业模式—人力资源—成本投入"三个角度的因素相互作用，从而形成最优方案。图11-1是三位一体预算管理模型。

11.2.2 薪酬预算原则

薪酬预算的编制需要考虑企业战略规划和盈利能力，由于受业务自身特点、发展阶段、规模等因素影响，薪酬预算原则也不尽相同，总结起来有以下几种：

1. 财务利润导向原则；
2. 绩效目标导向原则；
3. 业务发展导向原则；
4. 市场对标导向原则；
5. 职能管理导向原则。

企业结合业务发展阶段评估实际运行情况，以选择合适的薪酬预算导向。一般企业会采取多种方式相结合。

11.3 薪酬预算组织管理——四级预算管理模式

薪酬战略确定后，整个薪酬预算也就基本确定，接下来就可以开展薪酬预算相关工作。而相关工作的开展需要薪酬预算组织体系来保障，企业应成立工作小组，确保薪酬预算有序进行。以下介绍一种集团化的薪酬预算组织管理架构（如图11-2）。

预算管理战略决策机构是企业预算管理的最高权力组织；预算管理过程管控机构是负责预算的编制、审查、协调、控制、调整、核算、分析、反馈、考评与奖惩的组织机构；预算管理执行运作机构是负责预算执行的各个责任预算执行主体。各层级组织机构互相配合完成薪酬预算编制工作。

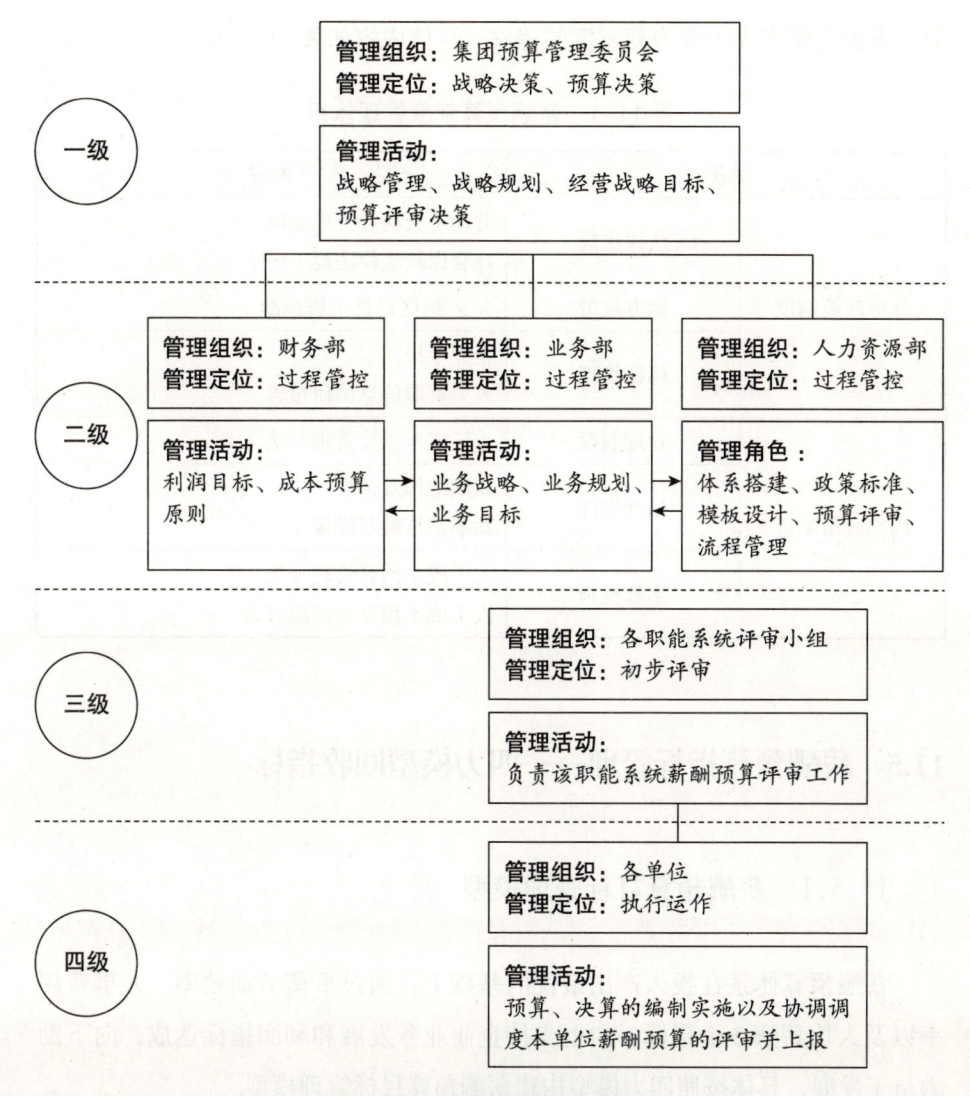

一级
- 管理组织：集团预算管理委员会
- 管理定位：战略决策、预算决策
- 管理活动：战略管理、战略规划、经营战略目标、预算评审决策

二级
- 管理组织：财务部　管理定位：过程管控
  - 管理活动：利润目标、成本预算原则
- 管理组织：业务部　管理定位：过程管控
  - 管理活动：业务战略、业务规划、业务目标
- 管理组织：人力资源部　管理定位：过程管控
  - 管理角色：体系搭建、政策标准、模板设计、预算评审、流程管理

三级
- 管理组织：各职能系统评审小组
- 管理定位：初步评审
- 管理活动：负责该职能系统薪酬预算评审工作

四级
- 管理组织：各单位
- 管理定位：执行运作
- 管理活动：预算、决算的编制实施以及协调调度本单位薪酬预算的评审并上报

图 11-2　薪酬预算组织体系

11.4　薪酬预算制度管理——内外制度共同支撑

　　薪酬预算需要遵守内外部准则，寻找平衡点，实现最优的投入产出。薪酬预算的制度管理包含两个方面，一方面是要考虑企业外部政策制度的输入，

另一方面是要考虑企业内部制度的建立。具体内容如表 11-1 所示：

表 11-1 薪酬预算制度管理体系

分类		内容
外部政策制度	法律法规	劳动工资统计管理制度 社会保险法律法规……
	地方政策	××地区最低工资标准
	标杆管理	企业年报 人力资源信息调研报告
内部政策制度	管理制度	人工成本预算管理办法
	标准文件	薪酬结构及标准 薪酬预算编制模板
	实施模板	人工成本预算管理方案 人工成本预算管控跟踪表

11.5 薪酬预算指标管理——四力模型回收指标

11.5.1 薪酬预算目标管理模型

薪酬预算体系在投入产出最优的基础上，通过平衡劳动效率、人事费用率以及人均薪酬 3 个指标，向上支持企业业务发展和利润指标达成，向下助力员工发展，具体按照四力模型构建薪酬预算目标管理模型。

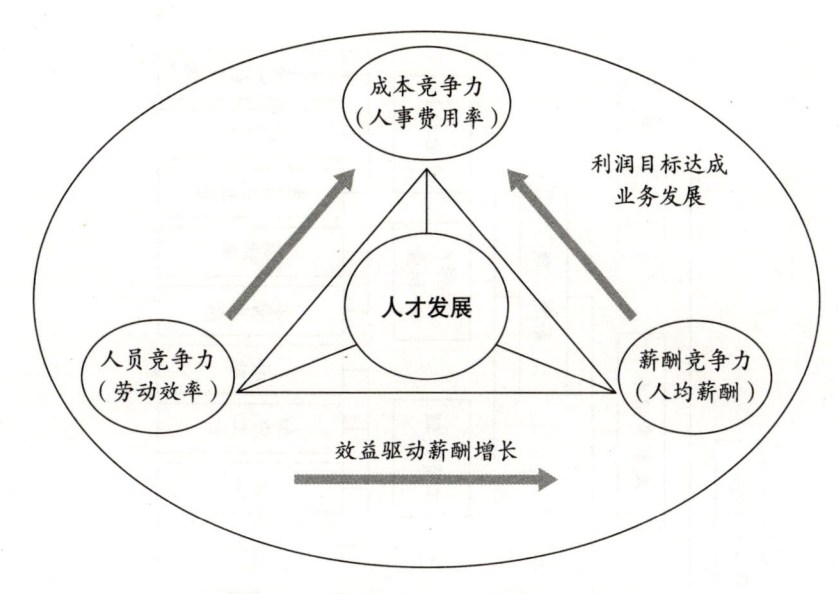

图 11-3　薪酬预算目标管理四力模型

11.5.2　薪酬预算管理指标

根据四力模型，薪酬预算指标分为四级。一级指标直接承接集团利润目标，如劳动效率为体现人员竞争力的指标、人事费用率为体现成本竞争力的指标、人均薪酬为体现薪酬竞争力的指标。二级指标、三级指标和四级指标直接承接绩效指标，为过程管控指标。具体指标体系如图 11-4 所示：

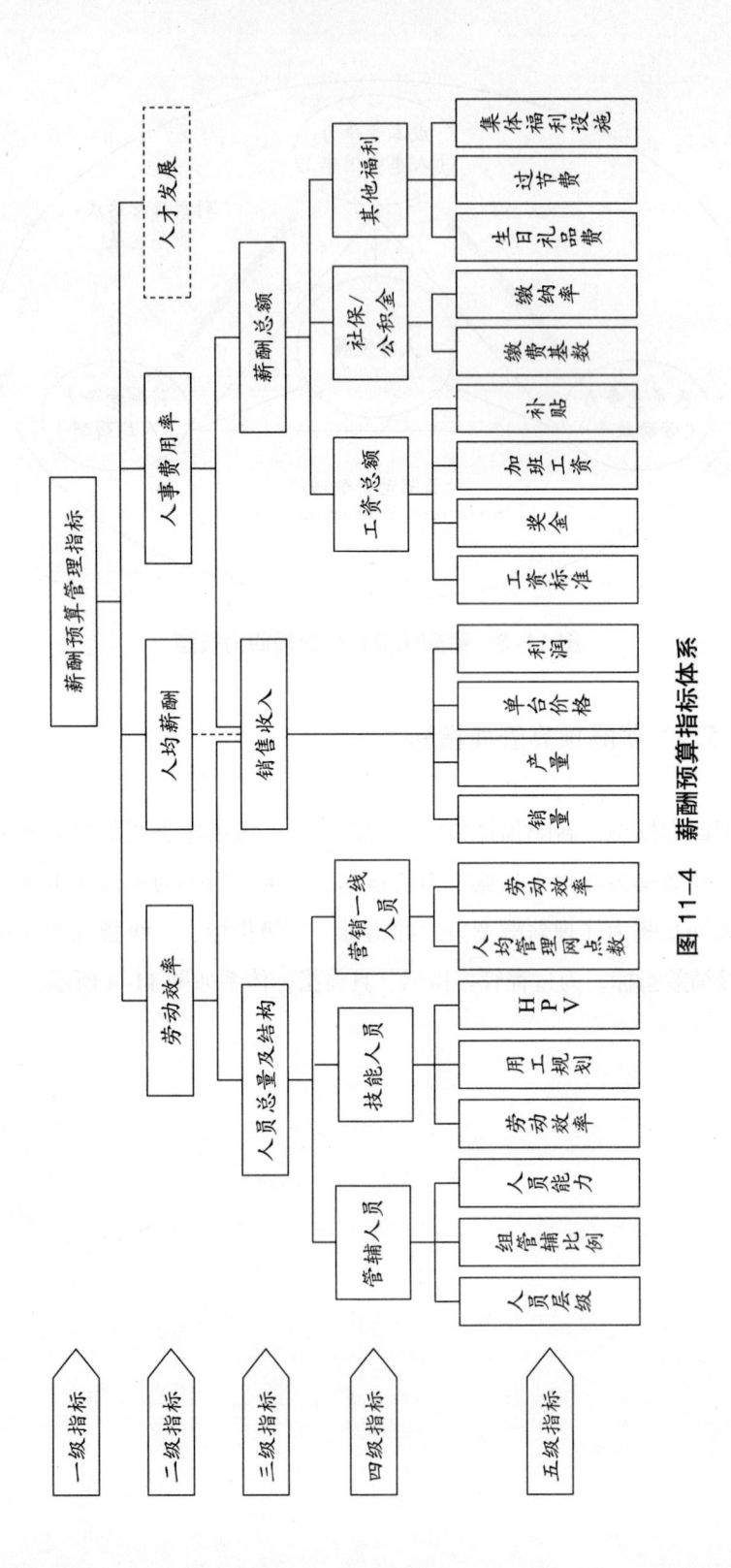

图 11-4 薪酬预算指标体系

11.5.3 薪酬预算输入要素

薪酬预算输入要素是对影响薪酬预算因素及原因的探究，主要用于分析影响薪酬预算编制的因素及业务运行中出现的问题，具体薪酬预算输入要素如表 11-2 所示：

表 11-2 薪酬预算输入要素

分析	输入要素	收入	管辅人员	技能人员	营销一线人员	工资	社保公积金	福利
政策法规	国家政策、属地政策					√	√	√
	企业制度					√	√	√
业务输入	组织结构		√					
	业务流程		√	√	√			
	市场供给		√	√	√			
	产量/销量/利润	√		√	√			
	单台价格	√						
	生产组织方式/区域规划			√				
	营销模式/营销网点				√			
人员配置	人员总量及结构					√	√	√
	管辅比例		√			√	√	√
	人员能力		√			√	√	√
	用工规划			√		√	√	√
薪酬预算	薪酬水平					√		
	缴费基数						√	
	缴纳率						√	
	缴纳比例						√	
	加班时间			√	√			

（注：表中人员总量及结构为大列，包含管辅人员、技能人员、营销一线人员；薪酬总额为大列，包含工资、社保公积金、福利）

11.6 薪酬预算流程管理——四步流程管理闭环

薪酬预算管理流程体系是一个循序渐进的过程，按照计划、执行、检查、改善进而调整计划，形成一个"戴明环"，贯穿整个薪酬预算管理体系。具体流程体系如图 11-5 所示：

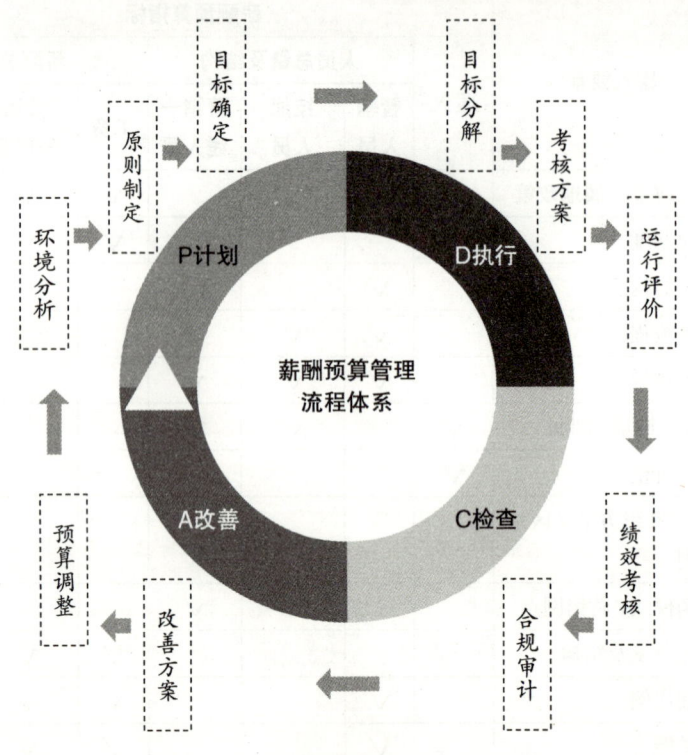

图 11-5　薪酬预算管理流程体系

11.7 薪酬预算支持平台——五大数据管理平台

薪酬预算体系需要健全的薪酬预算数据平台来支撑。原则上，薪酬预算数据平台包含薪酬预算所涉及的所有数据。按照信息类型，薪酬预算数据平台分为：

1. 市场信息数据平台；
2. 内部历史数据平台；
3. 政策法规数据平台；
4. 业务指标数据平台；
5. 预算目标数据平台。

11.7.1　市场信息数据平台

市场信息数据平台是对标杆数据信息进行调研和收集，通过分析标杆单位指标变化趋势及本年度完成情况，掌握竞争对手薪酬水平及投入产出水平，进而合理制定薪酬预算，保障企业竞争力。

表 11-3　市场信息数据

指标	年份	标杆企业					本企业	差异		
		行业平均水平	单位1	单位2	单位3	单位4	单位5		比行业	比单位1	……
人均年薪酬（万元）	2013										
	2014										
	2015										
	2016										
	2017										
人事费用率（%）	2013										
	2014										
	2015										
	2016										
	2017										

续表

指标	年份	标杆企业						本企业	差异		
		行业平均水平	单位1	单位2	单位3	单位4	单位5		比行业	比单位1	……
劳动效率（元/人）	2013										
	2014										
	2015										
	2016										
	2017										
人员（人）	2013										
	2014										
	2015										
	2016										
	2017										
薪酬总额（万元）	2013										
	2014										
	2015										
	2016										
	2017										

分析标杆数据，可以明显看出企业在所处行业中的水平，通过调整薪酬预算标准，结合人均薪酬和劳动效率所占行业地位，确定企业未来发展提升方向，从而制定相应的人员计划和薪酬预算。表11-4是企业投入产出—竞争力评估表：

表 11-4 企业投入产出—竞争力评估表

指标	人事费用率	劳动效率	人均薪酬	评估结果	改进方向
比行业平均水平	高	高	高	人员投入产出高 薪酬投入高，但是产出低 企业竞争力强	需要降低薪酬投入，保障企业效益
	低	低	低	人员投入高，产出低 薪酬投入低，但是产出高 企业竞争力弱	需要减少人员投入，增加薪酬投入
	高	低	高	人员和薪酬投入产出处于行业劣势 企业竞争力强	需要降低人员和薪酬投入，保障企业效益
	高	低	低	人员和薪酬投入产出处于行业劣势 企业竞争力弱	根据企业情况，调整管理模式
	低	高	高	人员和薪酬投入产出均处于行业优势 企业竞争力强	—
	低	高	低	人员和薪酬投入产出均处于行业优势 企业竞争力差，存在人员流失风险	增加企业高素质人才薪酬，避免关键人才流失

11.7.2 内部历史数据平台

企业可以通过分析内部历史数据，分析发展趋势，掌握发展规律，确定历史最优水平，进而设计最优预算。

表 11-5 ××单位历史数据表

指标		2013 年	2014 年	2015 年	2016 年	2017 年	历史最优	平均水平
效率指标	劳动效率							
	人事费用率							
总量指标	人员总量							
	薪酬总额							
水平指标	人均薪酬							

11.7.3 政策法规数据平台

政策数据平台是对影响薪酬预算编制的所有政策数据进行汇总，作为薪酬预算编制的输入条件。表 11-6 是某企业××年度各地区社保缴纳比例。

表 11-6 某企业××年度各地区社保缴纳比例

地区	养老保险		失业保险		工伤保险		生育保险		医疗保险		社会保险	
	单位缴纳	个人缴纳	单位缴纳	个人缴纳	单位缴纳	个人缴纳	单位缴纳	个人缴纳	单位缴纳	个人缴纳	单位缴纳	个人缴纳
北京	—	—	—	—	—	—	—	—	—	—	—	—
上海	—	—	—	—	—	—	—	—	—	—	—	—
长沙	—	—	—	—	—	—	—	—	—	—	—	—
广州	—	—	—	—	—	—	—	—	—	—	—	—

11.7.4 业务指标数据平台

业务指标平台是对业务指标情况的掌握,企业可以通过对业务指标完成情况和计划的分析确定人员配置需求,进而编制薪酬预算。

表 11-7 业务指标数据情况表

指标		2013 年	2014 年	2015 年	2016 年	2017 年	历史最优	平均水平
市场指标	市场占有率							
	销量							
生产指标	产量							
财务指标	利润							
	收入							
	单台人工成本							

11.7.5 预算目标数据平台

企业预算目标数据平台是对编制完成的薪酬预算数据进行汇总整理,平台需要包含薪酬预算涉及的所有数据,用于薪酬预算执行的指导、绩效评价等。

11.8 按职能预算管理法——正向预算管理方法

11.8.1 业务职能预算评估法关注点

正向职能预算评估法是指根据企业的发展规划,通过企业未来的人力资源需要和供给状况的分析评估,对业务规划、组织架构、职位设计等进行分析,确定人员计划,并逐步进行薪酬预算预测的方法,具体方法是先确定单位组织结构中最小组织单元的人员成本计划,然后将各个部门的人员、成本计划层层向上汇总,最后确定单位人力资源总体薪酬预算。应用业务职能预算评估法需要关注以下几点:

1. 业务需求为导向;
2. 人员规划为基准;
3. 薪酬政策为依据;
4. 薪酬预算为结果。

11.8.2 职能业务预算编制报表体系

职能业务预算是以业务为导向,根据业务发展需要核算相应的人员,按照人均薪酬总量和增长幅度以及薪酬制度和政策核算对应的薪酬总额。正向职能预算按照人员层次、政策以及业务量进行测算。

1. 进行人员现状情况盘点,分析现有岗位人员情况同业务需求之间的差异,包括人员总量、结构及能力。

表 11-8 人员存量盘点表

部门	岗位	现员		计划		人员补充渠道				优化调整渠道				现员姓名
^	^	人数	层级	年末人数	比现员	小计	外部招聘	到位时间	内部配置	到位时间	小计	末位淘汰	到位时间	结构调整	到位时间	^
小计		—				—					—					

2. 假设现有人员不变，因政策等刚性因素影响，测算年度薪酬预算。人员信息不变，社保/公积金基数、缴纳比例导致社保和公积金费用的变化、人员层级调整及其他因素导致薪酬预算变化。

（1）社保/公积金预算核算

社保/公积金费用=缴纳基数×缴纳比例×缴纳率×12+缴纳基数×缴纳比例×缴纳率×（12-调整月份）×增幅

（2）人员层级变化

工资=工资标准×调整月份+调整后工资标准×（12-调整月份）

（3）其他因素：随机调整因素，根据政策和实际情况进行核算

工资性收入发生调整，导致奖金、福利费、补贴、工会经费和教育经费比例发生变化的科目，应按照比例进行调整。

表 11-9　年度薪酬盘点表

序号	个人信息							小计	薪酬总额（单位：元）				
	所属系统	部门	科室	姓名	岗位名称	职级	调整变化职级	调整时间		工资	奖金	补贴	社保	公积金	福利
1	管辅	HR	培训部		经理			×月							
2	管辅	……	……		……										
3															
4															
5															
	……	……	……												
小计														

3. 人员变化导致人工成本预算发生变化的情况。

（1）因业务量变化，导致人员总量变化，即业务量增加或者减少，导致人员总量增加或者减少的情况。人员总量减少，则相应减去该人员的薪酬预算；人员总量增加，则按照新增人员层级及工资标准，按照相应公式测算年度预算。

（2）因人员能力不能满足业务发展，人员结构调整导致人员总量变化。人员结构调整则根据人员调整时间置换相应人员的预算即可。

表 11-10 薪酬增减变化统计表

人员增减情况	个人信息							薪酬总额（单位：元）					
^	序号	所属系统	部门	科室	岗位名称	职级	姓名	人员调整时间	小计	工资	奖金	补贴	社保	公积金	福利费
合计														
新增人员情况	小计													
^	1	管辅	HR	培训	经理									
^	2	管辅	……	……	……									
人员减少情况	小计													
^	1													
^	2													

4.根据以上人员及预算情况表，汇总得出年度薪酬预算结构表，直观展现人员及预算变动情况。

表 11-11 薪酬预算结构分析表

科目	项目	实际	人员不变				薪酬调整		人员变化		预算
^	^	^	系数影响		社保	公积金	中基层调薪	绩效调薪	人员增加	人员减少	^
^	^	^	工资	差异	调整 增加	调整 增加	^	^	^	^	^
合计										
工资	发工资人数										
^	工资性收入										
社保	社保费用										
^	缴纳人数										
^	缴纳基数										
^	缴纳率										
公积金	公积金费用										
^	缴纳人数										
^	缴纳基数										
^	缴纳率										

续表

科目	项目	实际	人员不变					薪酬调整		人员变化		预算
			系数影响		社保		公积金		中基层调薪	绩效调薪	人员增加	人员减少	
			工资	差异	调整	增加	调整	增加					
合计												
教育经费、工会经费												
福利费												
其他费用												

11.9 按价值预算管理法——逆向预算管理方法

11.9.1 目标价值管理法关键要素

目标价值管理法是指上级制定相应的效率指标和目标，由下级部门分解效率目标核算薪酬预算总额并执行，且定期检查完成目标进展情况的一种管理方式，由此而产生的奖励或处罚则根据目标的完成情况来确定。目标价值管理法顺利执行有4个关键要素：

1. 明确目标；
2. 周密分解计划；
3. 管理意识及考核激励措施；
4. 有效配合。

11.9.2 目标价值管理法数据报表

目标价值管理法是指根据未来几年的业务指标计划以及绩效指标提升预期，核算相应的人员和人工成本。

1. 根据集团利润计划情况及业务指标增长要求,核算相应的人员效率指标和薪酬效率指标提升幅度及相应的值。

表 11-12 绩效目标分析表

单位	年份	业务指标		绩效指标			
^	^	利润	收入	人员效率指标(劳动效率)			薪酬效率指标
^	^	^	^	全员	管辅人员	技能人员	营销一线人员	人事费用率
单位1	实际							
^	计划							
^	增幅							
单位2	实际							
^	计划							
^	增幅							
……	……							

2. 根据业务指标计划及提升幅度,核算年度人员总量和人工成本总额,结合业务量将年度计划分解到月度。

表 11-13 人员和薪酬总量分析表

年份	分类	人员情况				薪酬情况(万元)						
^	^	^	^	^	^	^	按人员类别			按薪酬科目		
^	^	小计	管辅人员	技能人员	营销一线人员	小计	管辅人员	技能人员	营销一线人员	薪酬	社保公积金	福利费
年度实际	年均											
^	年末											
(N+1)年计划	年均											
^	年末											
比实际	比年均											
^	比年末											

11.10　薪酬预算滚动管理——业务变化滚动预算

薪酬预算编制并不是一个一劳永逸的过程，需要在实际运行中不断监控、制定相应措施，并且要不断根据内外部环境变化修正。制定薪酬预算的过程中，需要人力资源部门与业务部门不断沟通和交换信息，薪酬预算编制过程是人力资源部与业务部门接触最紧密的过程。

通常预算需要基于社会环境以及企业战略的变化作出适当的调整。影响薪酬预算调整的因素有市场环境、经营条件和政策法规等。人力资源管理部门应根据当前各个部门以及企业发展需要，适当地增加或者减少某些预算。当然，针对预算执行过程中出现的问题也会作出适当的调整，以适应企业发展以及社会这个大环境。调整预算应注意几个方面：

1. 预算调整不能偏离单位发展战略和年度预算目标；
2. 预算调整方案应当在经济上实现最优化；
3. 预算调整重点应当放在预算执行中出现的重要的、非正常的、不符合常规的关键性差异方面。

11.11　薪酬预算运行审计管理——六维度来评估审计

薪酬预算编制完成后，企业需要建立内部审计体系，确保薪酬预算日常管理运营朝着企业预期的方向发展。薪酬内部审计从以下 6 个维度进行评估：

1. 薪酬政策体系评估；
2. 薪酬水平执行性评估；
3. 员工结构性收入评估；
4. 实发与标准差异性评估；
5. 不同职位人员薪酬评估；
6. 内部与外聘人才收入差异评估。

第十二章

技能人员薪酬激励管理
——技能"工匠"人才激励

技能人员是产品制造的主体,直接承担着产品的质量、成本、交付等重任。大家都知道,好的产品是由优秀的技能团队来完成的。企业如何培育优秀的技能人员队伍、培养"工匠精神",进行技能人员发展生涯设计,薪酬激励是关键要素之一。如何让技能人员持续提升技能水平,成为"技能工匠",并终生热爱本职工作,是制造企业持续探索的课题。本章主要从企业精益智能制造、人才发展、薪酬激励等角度出发,全面分析技能人员薪酬激励解决方案。

12.1 技能人员关注的激励——从五个维度来关注

1. 有活儿干

关注生产任务是否稳定,淡、旺季生产任务是否均衡分配。对于制造型企业的工人,无论采取何种激励方式,生产任务的多少都会对薪酬产生最直接的影响,只有生产任务稳定,才能够有稳定的收入,所以技能人员最基本的关注点就是有活儿干。

2. 关注拿到钱

关注完成生产任务后是否能够按时拿到应得的工资报酬。近年来,拖欠工人工资问题一直是社会关注的焦点。单位遇到非人力所能抗拒的自然灾害、战争等原因,无法按时支付工资;用人单位确因生产经营困难、资金周转受到影响,在征得本单位工会同意后,可暂时延期支付劳动者工资,延期时间的最长限制可由各省、自治区、直辖市劳动保障行政部门根据各地情况确定。

其他情况下拖欠工资均为无故拖欠。

3. 成长发展机会

关注有无培训获得技能等级晋升和学历提升的机会。技能人员虽然在一线城市收入较高，但迫于婚姻、住房等压力，绝大部分会选择工作3—5年后返回家乡，这时他们更关注的则是能否在工作中学到本领、掌握更高技能，成为"技能工匠"。拥有一技之长就意味着拥有了社会立足点，无论走到哪个城市都能够凭借自己的本事赢得一份稳定的工作。

4. 工作环境

当今制造型企业技能人员的主力军基本都是"90后"甚至"00后"，他们大部分来自三四线城市或农村，而且独生子女比例较高，这些新生代员工比原来的农村求职者在择业观念和就业心态上都有很明显的变化。受教育程度提高了，本身也具备一些初级专业技术，所以求职中不仅注重工资薪酬，也开始关注工作环境是否对身体健康有影响、工作时间是否过长等因素，懂得通过相关劳动法律法规维护自己的合法权益。

5. 福利保障

关注自己在企业是否能够获得基本的福利和社会资源等保障。制造行业技能人员的能力提升离不开国家、政府、行业、企业、院校等多方面社会力量的大力支持。企业在培养技能人员时需要引入外部社会力量，通过多方位培训助推技能人员职业技能提升。

12.2 技能人员的发展路径——双通道多层级发展

树立"工匠精神"，把技能人员培育成"工匠"，必然要设计出技能人员成长为"工匠"的职业发展通道。根据技能人员自身的发展和企业对人才的需求，技能人才职业发展通道可以双线设计：一条线是技能发展路径，让他们不断提高技能水平成为技能专家；另一条线是管理路径，让技能好又具备管理能力的人通过不断提高制造管理水平成为优秀的基层生产管理者。具体技能人员的职业发展路径见图12-1。

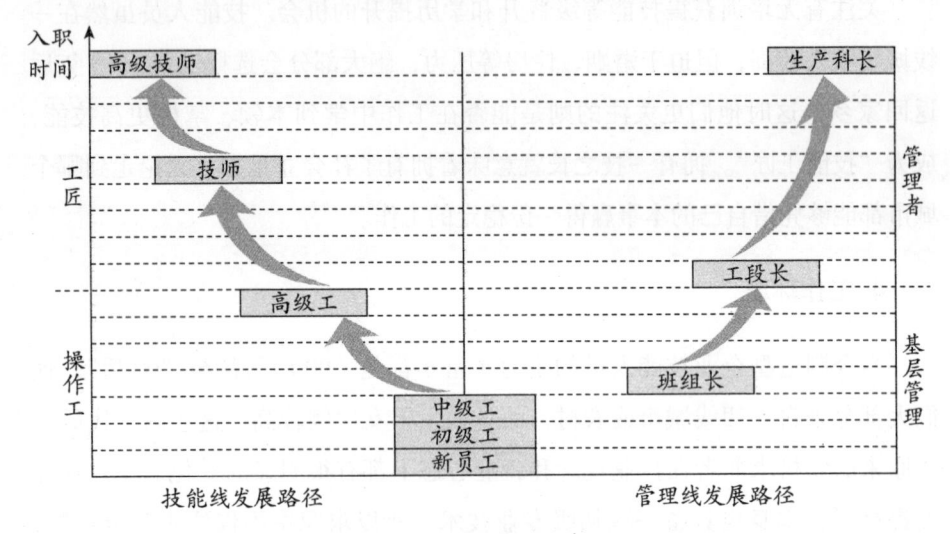

图12-1 技能人员发展路径图

12.2.1 建立技能等级标准

没有技能标准就无法评定人才技能等级，更无法进行系统培训培养。企业建立基于职业工种技能等级标准的方式方法各异，有的自己开发，有的借鉴行业条件，有的在行业标准的前提下结合自己实际情况来转化开发，表12-1是国家职业技能鉴定标准。

表12-1 国家职业技能鉴定标准

等级 要求	A工种					B工种
	初级	中级	高级	技师	高级技师	—
理论知识	—	—	—	—	—	—
实际操作	—	—	—	—	—	—
工具设备	—	—	—	—	—	—
工艺流程	—	—	—	—	—	—

续表

等级 要　求	A 工种					B 工种
	初级	中级	高级	技师	高级技师	—
质量保证	—	—	—	—	—	—
培训指导	—	—	—	—	—	—
指挥管理	—	—	—	—	—	—

注：具体要求请参见——国家职业标准

12.2.2　逐级认证技能人员

技能人员培养，从初级工到高级技师都要分别掌握对应的理论知识，并在实际操作、工具设备、工艺流程、质量保证、培训指导、指挥管理等方面也具有一定的能力，随着等级的提高所要求的技能鉴定标准也会逐步提高，技能人员培养步骤示意图如图 12-2 所示。

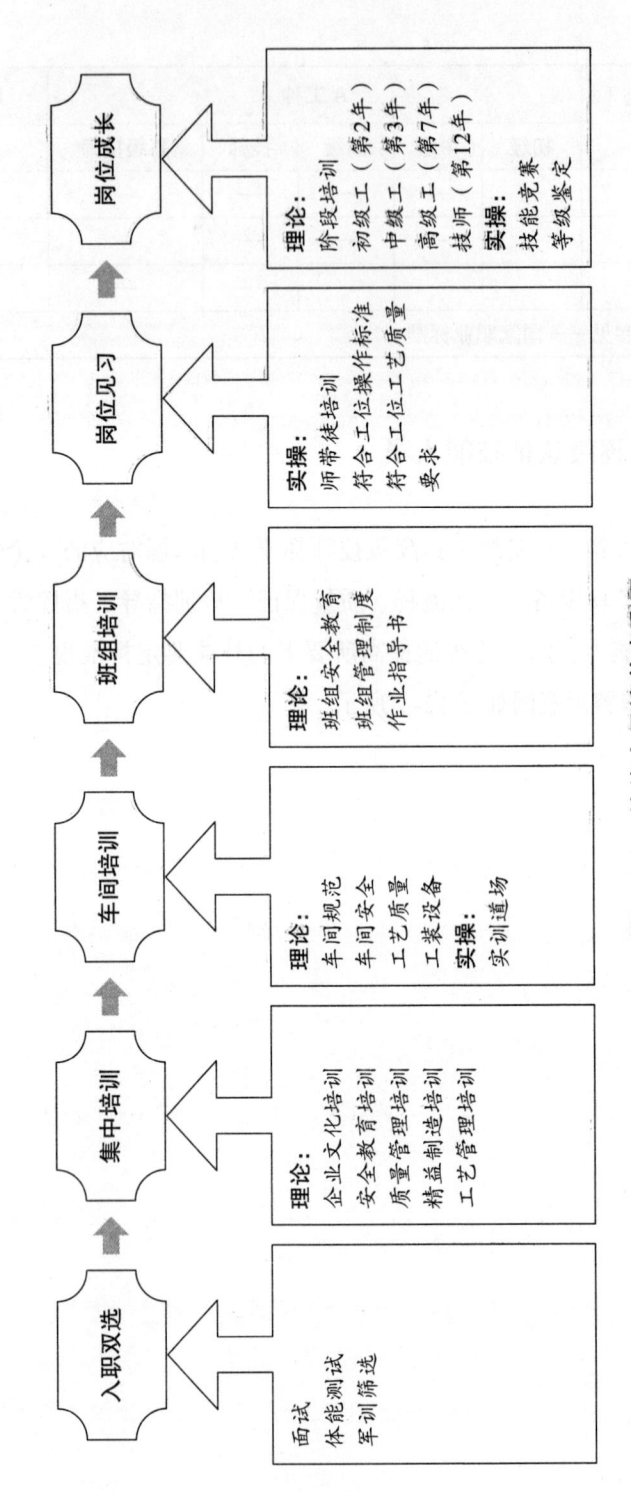

图 12-2 技能人员培养步骤图

入职双选 → 集中培训 → 车间培训 → 班组培训 → 岗位见习 → 岗位成长

入职双选：
- 面试
- 体能测试
- 军训筛选

集中培训：
理论：
- 企业文化培训
- 安全教育培训
- 质量管理培训
- 精益制造培训
- 工艺管理培训

车间培训：
理论：
- 车间规范
- 车间安全
- 工艺质量
- 工装设备

实操：
- 实训道场

班组培训：
理论：
- 班组安全教育
- 班组管理制度
- 作业指导书

岗位见习：
实操：
- 师带徒培训
- 符合工位操作标准
- 符合工位工艺质量要求

岗位成长：
理论：
- 阶段培训
- 初级工（第2年）
- 中级工（第3年）
- 高级工（第7年）
- 技师（第12年）

实操：
- 技能竞赛
- 等级鉴定

12.2.3 培养基层管理人才

培养具有一定技能和管理潜质的人，让他们成为基层管理者。对基层管理者的培养要依照精益制造理念，从其能力素质要求出发，其能力范围应涵盖：标准作业、设备保全、质量保证、生产、安全卫生环境、成本和团队建设 7 个方面，具体如下：

表 12-2 班组长 / 主管的能力素质要求

		班组长 / 主管能力素质要求
1	标准作业	（1）100% 掌握本班组 / 工段内各岗位标准作业及实际操作 （2）对班组内 / 工段内所有工位作业实施指导
2	设备保全	（1）对本班组 / 工段内设备的日常保全实施指导 （2）把握设备的故障件数和内容，以提升可动率为目标制定预防措施
3	质量保证	（1）对质量预防及控制实施正确的指导 （2）运用质量管理方法，查明本班组 / 工段内的质量问题，进行异常处置，并制定预防措施 （3）以班组 / 工段内质量问题降低为目标，提出作业改善和标准化建议
4	生产	（1）在完成本班组 / 工段内生产计划的前提下，对提高效率提出改进意见，并对人员和配置提出建议 （2）运用精益制造方法、工具，完善标准作业 （3）以生产量为基准，实施物料收发管理
5	安全卫生环境	（1）对本班组 / 工段内成员进行低频度作业、异常处置等方面的安全教育 （2）识别危险源，并对不安全作业和不安全区域提出改善意见并制定预防措施 （3）熟悉各工位劳保用品穿戴要求，并对本班组 / 工段内成员监督、检查、指导 （4）建立本班组 / 工段安全、卫生、环境作业标准化
6	成本	（1）针对本班组 / 工段内每项成本指标，提出降成本解决措施 （2）针对防止在制品、辅料等浪费，对作业实施标准化
7	团队建设	（1）参与本班组 / 工段全体成员的活动 （2）与本班组 / 工段内全体成员顺畅地沟通，起到上级和员工之间的桥梁作用 （3）对作业技能及相关要求，培训指导他人

培养技能人员成为基层管理者，可采取相应激励措施，比如薪酬方面的激励政策，个人发展方面的学历提升、培训机会、脱产工作、员工关爱等。企业可以按照能力素质要求进行人才选拔、人才盘点、课程设计和系统培训，把他们培养成为优秀的基层管理骨干。

12.3　计件工资的激励管理——工作成果激励付薪

计件工资制是比较传统，也是使用较广泛的薪酬激励模式，它是技能人员生产产品数量与薪酬收入直接挂钩的分配形式。此种分配形式适于产出与设备保全弱相关，产出与操作者的个人技能、个人操作积极性、个人工作效率强相关的情况。计件工资具备的要素如下：

（1）工作物等级，根据工作要求的技术复杂程度确定从事该项工作的员工应具备的能力等级。

（2）劳动定额，在一定的生产技术和组织条件下，为生产一定数量的产品或完成一定量的工作所规定的劳动消耗量的标准。

（3）计件单价报酬，以工作物等级和劳动定额为基础计算单件产品的工资是计算计件工资的基本依据，工资直接随产量函数变动。

12.3.1　计件工资结构设计

计件激励模式是以完成生产任务的多少来决定报酬的激励模式。因此，在进行薪酬结构设计时主要以变动收入为主导来设计，具体结构设计如图 12-3 所示。

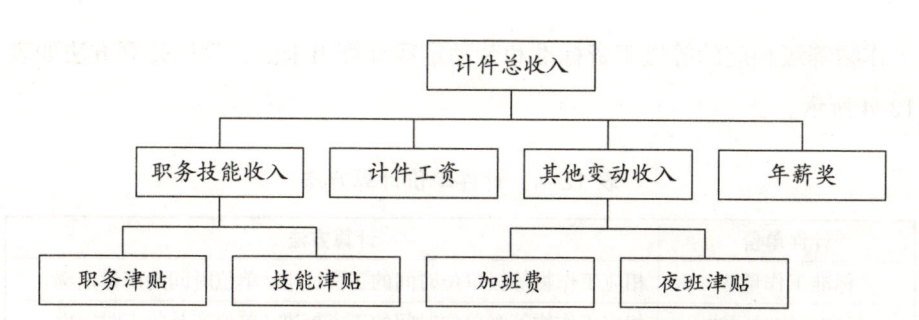

```
                        计件总收入
        ┌───────────┬──────┴──────┬───────────┐
    职务技能收入      计件工资    其他变动收入    年薪奖
    ┌───┴───┐                 ┌───┴───┐
  职务津贴 技能津贴            加班费  夜班津贴
```

图 12-3　计件工资模式下的技能人员薪酬结构

12.3.2　计件工资管理要素

1. 确定计件模式

技能人员常见的计件模式如表 12-3 所示。

表 12-3　技能人员常见的计件模式

序号	计件模式	相关说明
1	单纯计件	直接计件，从 0 开始，员工收入 = 计件单价 × 合格产品数量
2	基本工资 + 计件	保证员工基本收入，以基本工资为基础确定计件定额，完成定额得到基本工资，超过定额的按计件单价计算

2. 确定工作物等级及等级工资标准

根据不同岗位的技术复杂程度和劳动繁重程度划分等级，按照不同等级确定单位时间内的工资标准。

3. 确定劳动定额

在一定的生产技术和组织条件下，确定员工应该完成的合格产品数量或完成既定数量产品所需要的劳动时间。

4. 计件单价的确定

计件单价是支付计件工资的主要依据。在正常情况下，计件单价是根据工作物等级相应的等级工资标准和劳动定额计算出来的，具体计算方法如表 12-4 所示。

表 12-4 计件单价计算方法

计件单价	计算方法
标准工作量法	相应工作物等级单位时间的工资标准 / 单位时间的产量定额
标准工作时间法	相应工作物等级单位时间的工资标准 / 单位产品的工时定额

12.4 计时工资的激励管理——工作时间激励付薪

计时工资制是按照工作时间长短来计算工资的激励形式，使用较普遍，适于产出与设备保全强相关，个人主观因素与产出弱相关，个人效率受设备拉动的情况。计时工资应具备要素如下：

（1）薪酬率的确定：在单位时间内给予员工的报酬。其高低取决于多种因素，主要包括岗位人才的紧缺性、劳动技能、劳动强度、作业环境等，具体要素如图 12-4 所示。

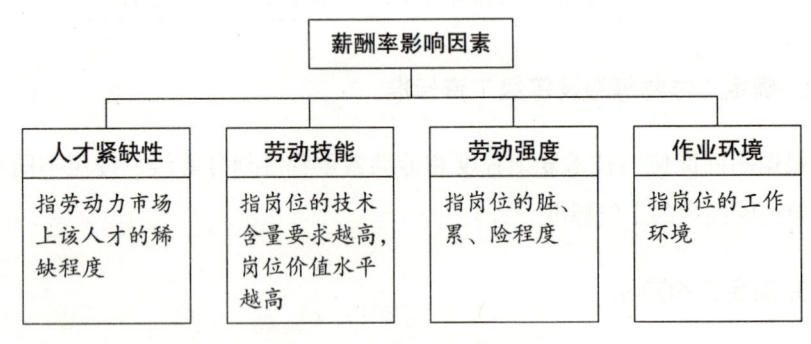

```
                    薪酬率影响因素
        ┌──────────┬──────────┬──────────┐
     人才紧缺性    劳动技能     劳动强度    作业环境
     指劳动力市场  指岗位的技术  指岗位的脏、 指岗位的工作
     上该人才的稀  含量要求越高， 累、险程度   环境
     缺程度        岗位价值水平
                   越高
```

图 12-4 薪酬率影响因素

（2）工作时间：员工工作时间的长短。根据劳动法律法规的有关规定，对应的基准时间是 22 天 8 小时，超过则为加班工作时间。

（3）员工薪酬：员工工作时间乘以小时薪酬率所得的薪酬。与员工出勤直接挂钩，加班按加班时间及规定政策来计算。

12.4.1 计时工资结构设计

计时工资薪酬结构设计强调的是按工作时间长短来付薪的激励模式，在设计时应遵循岗位价值、技能熟练程度等原则。具体的结构设计如图12-5所示。

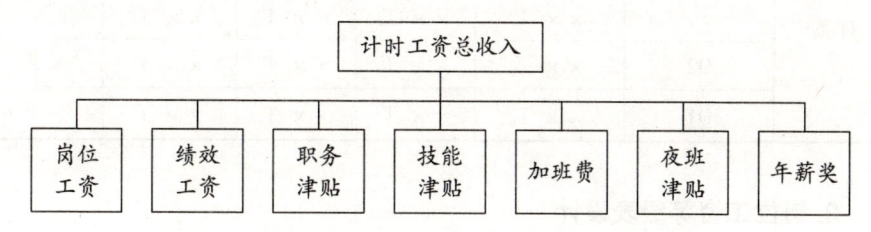

图12-5 计时工资模式下的技能人员薪酬结构

12.4.2 计时工资要素管理

1. 岗位设计及价值评估

企业可以工作分析为基础，将工作职责细化并分配至岗位，根据岗位职责确定岗位必备知识、关键技能及岗位关键绩效指标，从而开展岗位价值评估，得出层级差别，最后形成技能人员的岗位归类归级表，如表12-5所示，以此为基础设定岗位工资等级表。

表12-5 岗位归类归级表

岗位等级序列		岗位名称				岗位系数
		A车间	B车间	C车间	D车间	
M类	M2	班长	班长	班长	班长	××
	M1	督导工	督导工	督导工	督导工	××
T类	T3	××工 ××工				××
	T2	××工 ××工	××工 ××工	××工 ××工	××工 ××工	××
	T1	××工 ××工	××工 ××工	××工 ××工	××工 ××工	××

续表

岗位等级序列		岗位名称				岗位系数
		A车间	B车间	C车间	D车间	
O类	O3	××工 ××工 ××工	××工 ××工 ××工	××工 ××工 ××工	××工 ××工 ××工	××
	O2	××工	××工	××工	××工	××
	O1	××工	××工	××工	××工	××

2. 岗位工资等级表设计

企业应根据技能人员岗位等级、发展路径，遵循按照岗位价值、个人绩效、技能熟练程度的付薪原则设计工资岗级表，在对本单位技能人员岗位工资等级表设计时可参考表12-6。

表12-6　岗位工资等级表

管理发展通道		技术发展通道		岗级	绩效区分	月度工资水平（元）		
岗位	任职年限	岗位	任职年限			小计	岗位工资	绩效工资
高级技师 生产经理 技师 主管		××岗	13年以上	14级	A			
					B			
					C			
			13年	13级	A			
					B			
					C			
			12年	12级	A			
					B			
					C			
			11年	11级	A			
					B			
					C			

续表

管理发展通道		技术发展通道		岗级	绩效区分	月度工资水平（元）		
岗位	任职年限	岗位	任职年限			小计	岗位工资	绩效工资
班组长	7年	××岗	10年	10级	A			
^	^	^	^	^	B			
^	^	^	^	^	C			
^	6年	^	9年	9级	A			
^	^	^	^	^	B			
^	^	^	^	^	C			
^	5年	^	8年	8级	A			
^	^	^	^	^	B			
^	^	^	^	^	C			
^	4年	^	7年	7级	A			
^	^	^	^	^	B			
^	^	^	^	^	C			
^	3年	^	6年	6级	A			
^	^	^	^	^	B			
^	^	^	^	^	C			
^	2年	××岗	5年	5级	A			
^	^	^	^	^	B			
^	^	^	^	^	C			
^	1年	^	4年	4级	A			
^	^	^	^	^	B			
^	^	^	^	^	C			
普通操作工		××岗	3年	3级	A			
^		^	^	^	B			
^		^	^	^	C			
^		××岗	2年	2级	A			
^		^	^	^	B			
^		^	^	^	C			
^		××岗	1年	1级	A			
^		^	^	^	B			
^		^	^	^	C			

3. 绩效工资设计

绩效工资是为了实现对技能人员的短期激励目的，促使他们关注质量、成本、交货期、现场管理等指标，与绩效评价结果挂钩，按照评价结果对绩效工资进行一定比例的正负激励，促进改善目标的达成，如表12-7所示。

表12-7 绩效工资评价表

序号	A车间 指标	权重	B车间 指标	权重	C车间 指标	权重	D车间 指标	权重
1	安全	30%	生产	20%	生产	30%	安全	30%
2	质量	30%	安全	20%	安全	10%	质量	20%
3	成本	20%	质量	20%	质量	15%	成本	20%
4	劳动纪律	20%	成本	20%	成本	15%	标准作业执行率	30%
5			多能工	20%	百台设备停线时间	30%		
合计		100%		100%		100%		100%

4. 津贴设计

津贴是基于岗位特殊性而设计的工资项，具有满足员工多方面、多层次需要的作用。对大多数企业技能人员采用的津贴主要分为激励津贴和保障津贴，如图12-6所示。

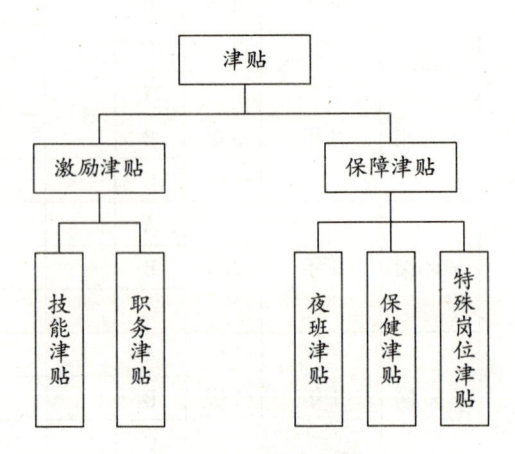

图12-6 津贴结构图

（1）**技能津贴**：为鼓励技能人员不断提高技能水平，同时鼓励他们长期稳定在企业工作，保留高技能人员而设计，以表12-8标准为例。

表12-8 不同技能等级的技能津贴标准

级 别	无等级	初级工	中级工	高级工	技师	高级技师	首席技师
技能津贴标准	/	100	200	500	800	1000	1500

（2）**职务津贴**：为提升技能人员的个人能力，鼓励一线操作工从事生产管理岗，根据员工业绩考评情况而设置，以表12-9标准为例。

表12-9 不同职务等级的职务津贴标准

级 别	班组长	工段长	生产科长
职务津贴标准	600元/月	500元/月	400元/月

（3）**夜班津贴**：企业给予员工在凌晨（0—8点）上班的津贴，属行业基本津贴项目，设计水平跟随市场平均水平，通常企业每个夜班补贴水平在15—25元/时。

（4）**保健津贴**：根据工作环境、工作量及有毒有害物体对身体健康影响等因素而实施，根据有毒有害岗位等级设置不同的津贴标准，以表12-10标准为例。

表12-10 岗位津贴标准

等 级	标 准	××生产单元
一级	5元/天	A工种
二级	10元/天	B工种
三级	15元/天	C工种

5. 奖金设计

奖金是员工工资的重要补充。在激励作用上，基本工资是保障，绩效工资是让员工一直努力工作的动力，奖金则在此基础上再一次增强激励作用，让员工分享企业的利润与效益，提升士气。对技能人员设计奖金，使之更加努力工作，具体可以这样设计：基于时间的奖励主要包括季度奖金、半年度奖金、年终奖；基于任务的奖励主要包括安全奖、特殊贡献奖、合理化奖、降成本奖、质量奖等。

表 12-11　奖金发放标准

奖金类型	绩效等级	兑现系数	奖金基数	发放月数
季度奖	S/A/B/C/D	0.8—1.2	基本工资	0.5 个月
半年度奖				1 个月
年终奖				1.5 个月

6. 加班费设计

加班费是超出法定工作时间以外工作所获得的劳动报酬，制定加班工资时应遵循合法合规的原则，依据国家法律法规标准执行。企业在进行工作时间管理时应充分设计和用好不定时工作制和综合计算工时制，以此来降低不必要的用工风险和加班支出。

在设计加班费时应注意以下 3 个方面：

（1）根据企业经营模式和生产特点，如工作时间不能实行按标准工时制的，需向当地人力资源和社会保障局申请综合工时工作制，报批后方可实行综合工时工作制。

（2）不定时工时制是指每一个工作日没有固定的上下班时间限制，它主要针对因生产特点、工作特殊性无法按标准工作时间衡量员工工作时间的情况。

（3）综合计算工时制是由于其工作具有连续性或季节性，可以周、月、季、年为周期，综合计算时间，但其平均时间应与法定时间基本相同。

在计时工资模式下，企业按照蓝领工人的工作时间付薪，因此对工作时间的管理尤为重要。企业应对工作时间进行界定，将由于任务量增加而导致的工作时间延长界定为正常工作时间；而将由于其他因素，包括设备、工艺、订单排查、物流、零部件、管理效率低下等导致的工作时间延长，界定为非正常工作时间。非正常工作时间增加是企业管理水平低下的直接体现，将直接导致企业成本支出的大幅提高。企业应对造成无效劳动时间的责任人进行界定，并建立追索机制，如图 12-7 所示。

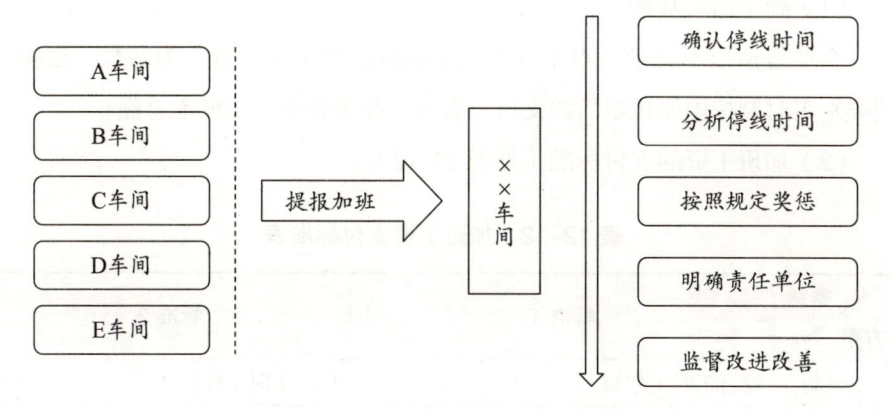

图 12-7　××企业加班追索流程

在这种计时模式下，对加班费的管理显得尤为重要和突出。一方面，加班费是影响蓝领工人收入水平的重要因素之一，是影响其一定时期内月度工资水平高低的主要因素。因此，在实践层面，企业往往将其作为调节工人月度收入高低的重要工具，通过"削峰填谷"的方式建立年度加班账户，旺季存入、淡季取出，实现淡、旺季收入水平的大体平稳，如图 12-8 所示。

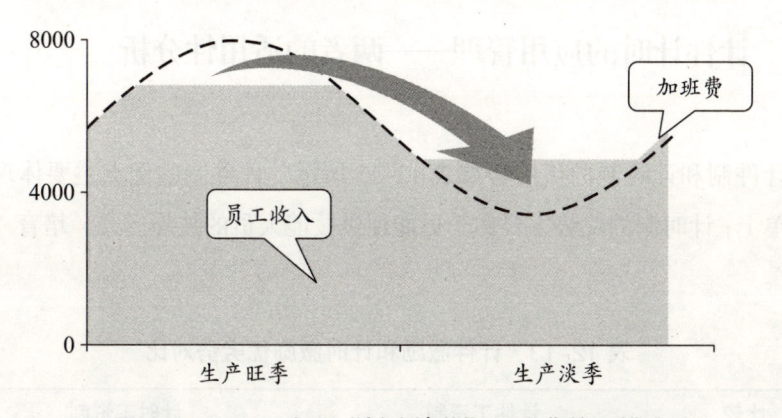

图 12-8　××企业"削峰填谷"加班费管理模式

另一方面，无效加班时间的增加，将直接导致企业成本支出的大幅提高，是企业管理水平低下的体现，必须强化企业对加班费及无效加班时间的监控，建立加班费管控机制，月度根据产量及生产计划组织模式确定目标，明确管理者承担的责任，并对实际完成情况进行评价分析，按评价结果进行绩效激励。

因此,对加班费的监控和管理将作为对企业实施绩效评价与激励的重要依据。

(1) 确定加班基数

企业普遍以不低于基本工资为核算基数或以岗位工资作为基数,根据不同类别工时制按国家规定倍数支付,有利于控制企业人工成本总额。

(2) 加班工资的支付标准(见表 12-12)

表 12-12 加班工资支付标准表

方案 类别	标准 1	标准 2
工时制	综合工时工作制	标准工时工作制
核算基数	基本工资/计件单价	基本工资/计件单价
支付标准	延时加班:1.5 倍 周末加班:2 倍 法定节假日:3 倍	延时加班:1.5 倍 周末加班:2 倍 法定节假日:3 倍
兑现方式	月度兑现 设个人 40 小时加班账户:40 小时以内的月度兑现,40 小时以外的年度兑现	

12.5 计件计时的应用管理——两者的适用性分析

计件制和计时制的优劣势如表 12-13 所示,计件制的优点主要体现在操作简单上;计时制的优势主要在于更能促进技能人员的技能提升,培育"工匠精神"。

表 12-13 计件激励和计时激励优劣势对比

	比较	计件工资制	计时工资制
企业层面	成本/管理	管理较为简单,管理成本较小	管理较为复杂,难度较大,管理者承担的责任也较重,管理成本提升
	效率	简单地关注劳动者个人的生产效率,忽视企业整体的效率	重视整体效率,必须辅之以完善的绩效管理体系,才能将责任传达到每一位技能人员身上

续表

<table>
<tr><th colspan="2">比较</th><th>计件工资制</th><th>计时工资制</th></tr>
<tr><td rowspan="5">个体层面</td><td>激励性</td><td>能从劳动成果的数量上反映劳动的差别，激励性强，公平性强</td><td>易出现干多干少、干好干坏一个样的结果，公平性不足</td></tr>
<tr><td>职业发展</td><td>无职业发展可言，劳动者付出相应的劳动，得到相应的报酬</td><td>建立基于劳动者技能熟练程度、劳动繁重强度、岗位关键程度的付薪机制，必须搭建较完善的职业发展通道</td></tr>
<tr><td>收入稳定性</td><td>工资收入受市场及淡、旺季的影响，变化明显，稳定性较差。淡季可能出现无法保障工人基本生活的问题</td><td>有基本工资水平的设定，相较于计件工资制，收入波动较小</td></tr>
<tr><td>技能水平提升</td><td>员工更关注当下自身的产量，提升自身技能水平的主动性、积极性较差</td><td>辅之以技能等级标准的确定，可以有效激励技能人员提升自身技能水平</td></tr>
<tr><td>对于企业的归属感</td><td>企业与员工之间只存在交易关系，技能人员对企业无任何归属感，稳定性差</td><td>企业在支付劳动者工资的同时，更注重其技能水平的提升、职业发展通道的建立，技能人员的企业归属感强，稳定性好</td></tr>
</table>

表 12-14 计件激励和计时激励适应模式

<table>
<tr><th>激励模式</th><th>生产模式</th><th>对应</th><th>工资确定依据</th><th>管理重点</th><th>管理者意识</th><th>管理职责负责</th><th>是否符合精益生产</th></tr>
<tr><td>计件激励模式</td><td>单件生产模式（如服装加工企业）</td><td>能准确计量产品数量，有明确的质量标准，主要取决于工人的主观努力，具有先进合理的劳动定额和较健全的原始记录</td><td>生产产品的数量</td><td>片面重视产量，不重视质量和成本浪费</td><td>更多时候把人看作简单的生产工具</td><td>工人</td><td>违背相应原则</td></tr>
<tr><td>计时激励模式</td><td>流水线生产模式（如汽车制造企业）</td><td>自动化作业程度较高，有一套较完善的标准作业体系和绩效考核体系</td><td>岗位、技能、业绩</td><td>安全、人员发展、质量、响应、成本、环境全面兼顾，均衡发展</td><td>以人为本，和谐发展</td><td>管理者</td><td>符合相应原则</td></tr>
</table>

12.6 计件工资转计时工资——管理变革制度保障

12.6.1 "三变革三到位"转型管理

计件工资制转计时工资制的变革围绕着"三变革三到位"展开，如图12-9所示。

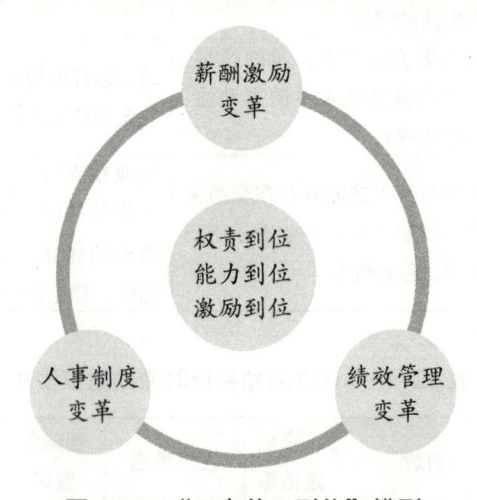

图12-9 "三变革三到位"模型

其中，"三变革"是指薪酬激励变革、人事制度变革、绩效管理变革，是实现计件工资制向计时工资制变革的内容依托。薪酬激励变革是整体薪酬模式变革的牵引力，通过薪酬激励变革可凝聚各工厂、各部门的变革决心和动力，提高蓝领工人对于变革的认同度和满意度，缓和工资计量模式改变带来的矛盾和冲突；人事制度变革是整体薪酬模式变革的基础，通过人事制度变革建立基于岗位价值的职位分类体系，并完善蓝领工人的职业发展通道和培训体系，从而为工资计量模式的改变奠定基础；绩效管理变革是整体薪酬模式变革的保障，通过绩效管理变革完善追责管理者的路径和办法，督促管理者提升管理能力，提升企业整体管理水平。

"三到位"是指权责到位、能力到位、激励到位，这也是变革的核心思想和理念，即将因管理问题而导致的责任归因于管理者，而不再针对相关问题追责于蓝领工人，做到"职""权""责"相匹配。

12.6.2 转型的组织保障

企业实施计件工资制转为计时工资制的变革，是一个设计内容多样、流程关系众多的工作事项，需要来自企业高层领导的支持，绝非仅靠人力资源部门就可以推动完成的事情。

在实施工资计量模式变革的过程中，相关单位或部门的分工如表12-15所示。

表12-15 相关单位职能职责分工表

部门/角色	主要职能职责
管理层	• 对变革提供支持，特别是对重大决策问题，如蓝领工人的工资核算模式要给予充分支持，保持企业上下各工厂正常、原则的统一性
人力资源部门	• 制定相关的企业管理制度，并指导工厂制造作业部门建立内部管理制度 • 做好内外部情况的调查，制订企业整体的变革方案和体系 • 负责指导和推进制造作业部门制订适合自身情况的方案和管理制度 • 负责对工厂制造作业部门的方案实施情况进行监控、评审，及时总结问题，并加以改善
生产管理部门	• 负责生产制造单元组织设计及改善思路和方案的提出，并对实际运行情况进行监督、评价 • 负责制造单元月度生产组织方式及生产效率的管理、动态追踪及对实际运营情况的汇总与提报
采购部门	• 负责供应商索赔机制的建立、监督与调整
制造作业部门	• 负责方案的实施、改善与调整 • 负责相关绩效指标的统计分析及提报 • 负责绩效提升方案及相关会议决议项的落实

为了协调各部门、各单位之间的行动，加强变革的及时性、有效性和统一性，在变革过程中需要成立"蓝领工人人事与薪酬体系变革领导小组"（或"蓝领工人人事与薪酬体系变革管理委员会"），作为蓝领工人工资计量模式

变革的最高决策机构，主要职责有负责审议、确定企业蓝领工人人事与薪酬体系变革的总体方案，负责审议、确定企业蓝领工人人事与薪酬体系变革管理制度，负责审议、确认企业下属各工厂的蓝领工人人事与薪酬体系的变革方案。

12.7 技能人员的绩效管理——五个要素管理评价

精益生产倡导取消计件工资模式，但随着"计件工资"的取消，可能在短时期内，蓝领工人的目标将变得不那么清晰，且没有一套合理的衡量标准让他们关注整体效率的提升。同时，作为主管人员，也无法评价蓝领工人的行为是否恰当。在这种情形下，对主管而言，车间蓝领工人是处于失控状态的。因此，一方面，要建立清晰、明确的流程制度，确保蓝领工人知道自己怎么做才会让组织绩效和个人绩效有所提高；另一方面，主管也要有清晰的指标和方法跟踪过程、评判结果。只有这样，才真正具备了取消计件工资的基本条件。

一般来说，企业可以从绩效评价和绩效激励两个维度对蓝领工人的绩效管理体系进行调整和变革。通过强化绩效评价引导各单位提升生产管理绩效，形成改善机制；通过调整绩效激励指标将重点改善指标与薪酬挂钩，促进改善目标的达成。

1. 建立绩效指标体系

技能人员绩效评价指标以企业各部门所涉及的精益制造 SPQRC（安全、人员、质量、响应、成本）五要素为业务基础设置，层层分解到个人，五要素依次为企业组织绩效目标、部门目标、工段目标、班组目标、岗位目标，以绩效为导向开展各项工作，技能工人及一线管理者绩效评价如表 12-16 和表 12-17 所示。

表 12-16 技能工人绩效评价表

评价项目		评价标准	打分栏		
			基本分	加分/减分	得分
安全	1	劳动用品穿戴不规范	20		
	2	未按规定路线行走			
	3	违章作业			
	4	……			
	5	……			
人员	6	迟到、早退	20		
	7	无故旷工的			
	8	工作时间从事与工作无关事情的			
	9	……			
	10	……			
质量	11	漏装、错装等一般单项问题	20		
	12	发生严重单项问题			
	13	发生批量质量问题			
	14	……			
	15	……			
现场管理	16	班前班后的个人5s未打扫、整理或不彻底	20		
	17	个人5s管辖区地面、台面、工具盒未保持清洁			
	18	工具、仪器、设备的连接线未捆绑整齐			
	19	……			
激励	20	为班组建设提出良好的建设	20		
	21	质量创新和改进			
	22	提出有效的合理化建议			
	23	……			
	24	……			
最后得分：					

表 12-17 基层管理者绩效评价表

评价项目		评价标准	打分栏		
			基本分	分数	得分
安全 S	安全事故	本工段/班组发生 1 级及以上的安全事故	20		
	安全点检	发现安全不符合的			
		超过 3 次未点检的			
	……	……			
人员 P	定员	低于定员	20		
		超出定员的			
	人员出勤率	发现员工缺陷的			
	……	……			
质量 Q	错漏装	低于目标值 10% 以上	20		
		高于目标值 10% 以上			
	过程质量	批量问题或严重单项问题			
	……	……			
响应 R	生产停线	未完成停线指标的	20		
	设备 TPM 点检	未按规定点检的			
	……	……			
成本 C	工废指标	低于目标值 20% 以上的	20		
		未完成指标的，每 10%			
	……	……			
最后得分：					

2. 绩效评价

在绩效评价方面，企业可以结合自身精益制造体系的搭建，对制造单元的绩效评价要素进行系统梳理，以生产管理绩效提升为核心，完善绩效评价指标体系，并将此评价指标体系应用于对组织绩效的评价体系。同时，还可以通过建立一段时期内的专题会议机制，由企业高层领导参与组织召开高规格会议,在会议上对绩效评价进行追踪,从而逐步促进绩效提升。

3. 绩效激励

绩效评价指标确定后,各岗位以目标为导向开展工作,通过将改革重点关注的指标(如蓝领工人非正常的工作时间、生产线的可动率)与员工的收入挂钩的方式推动生产管理效率的提升。

(1)绩效工资

绩效工资属变动收入部分,可上下浮动,主要围绕精益制造需求,从安全、质量、成本、响应和人员发展5个维度对技能人员进行评价,按照评价结果对绩效工资的一定比例进行正负激励。

(2)项目激励

根据精益制造管理以绩效指标和改善项目为抓手的推进思路,除日常性工作外,针对业务薄弱环节设置改善项目,根据岗位业务设置重点工作项目定期进行评价验收,根据改进项目完成情况进行正负激励,确保目标达成,如表12-18所示。

表12-18 项目激励表

激励项目	人员类别	激励标准
质量激励	技能人员	自检、互检(检查零部件、前道工序等)过程发现质量问题,经工艺人员确认后,给予5—200元正激励
		提出质量改善提案、合理化建议,视贡献程度,给予5—100元正激励
		负激励按照发生问题的项次进行激励,按照问题严重程度,每次给予5—200元负激励
		零缺陷正激励采用阶梯型激励制度,激励额度=持续零缺陷天数/2×(0.1+持续天数×0.1)(即第一天激励0.1元,第二天激励0.2元,第三天激励0.3元的数列,以此类推)。如员工零缺陷1天,激励0.1元;零缺陷2天,激励0.2元,以此类推,月度为周期进行统计

(3)绩效调薪

绩效调薪是将技能人员基本薪酬的增加与技能人员在绩效评价中所获得

的绩效等级联系起来的一种激励形式。

表 12-19 绩效调薪表

类别		非常出色的顶级贡献者	出色的高于平均的贡献者	胜任的扎实的贡献者	需要改进提高的最低贡献者	不胜任的工作者
绩效等级		S	A	B	C	D
加薪标准	绩效幅度	10%	8%	5%	3%	0%
	按绝对额	500元	400元	300元	200元	0

12.8 九个标准和六个保障——构建激励保障生态

12.8.1 规范九个统一标准

1. 组织管理层次统一

各作业部下分别设计负责生产的部门经理副职、负责技术的部门经理副职、安全工程师、文员岗位等。负责生产、技术的部门经理副职以下设工段，工段以下设班组，班组长管理若干操作员，以此来实施扁平化管理。

2. 班组规模标准统一

由工艺部门、生产作业部门以及人力资源部门根据生产节拍、工序排布和生产任务量等，合理划分工段及班组，确定班组内部的岗位及相应岗位配置的人员数量。原则上，1名主管管辖6名班组长，1名班组长管辖10—16名普通操作工。

3. 职位层级统一

建立统一的蓝领工人职位层级，将所有蓝领工人分为"一线管理者""技工岗位"和"普工岗位"3个层级。一线管理岗主要是指主管和班组长。

4. 工种归类归集标准统一

将所有蓝领工人的工种进行归类，然后依据各工种的劳动技能要求、劳动责任、劳动强度、劳动环境等对岗位价值进行分析、评估，得出层次差别，最后形成蓝领工人岗位归类归集表。

5. 一线管理者管理标准统一

建立针对一线管理者（主管、班组长）的管理体系，在企业内部执行统一的任职标准、晋升规则、任免流程、考核体系及相应的流程管理，提升一线管理者对流程、日常运行情况的过程监控与结果评价能力。

6. 薪酬结构统一

在遵循计时工资模式的精神原则下，对企业现有蓝领工人的薪酬体系进行重新设计，在企业内部统一薪酬结构，遵循按照岗位价值、技能熟练程度以及工作时间付薪的原则。

7. 员工技术鉴定标准统一

蓝领工人的技能评价标准应统一，可以从理论知识、实际操作、工具设备、工艺流程、质量控制、培训指导、指挥管理等方面对蓝领工人的技能水平做出规范评价。

8. 员工技能评定周期统一

蓝领工人技能评定周期统一化。一方面，由于人才的培养有一个时间周期，如果不对技能评定周期进行统一，企业下属各单位往往会采用揠苗助长式的技能评定，在一个自然年内多次进行技能评定，希望借此提升蓝领工人的技能水平，这可能与人才的培养周期相违背；另一方面，对蓝领工人的技能评定周期进行统一化，有助于提高蓝领工人对技能提升的预期，从而促进蓝领工人敬业度的提升。

9. 员工绩效评价标准统一

企业可从评价周期、评价指标、评价方式方法、评价结果应用等维度对蓝领工人的绩效评价作出制度性规定。

12.8.2 建立六个有效保障

在精益生产的要求下，要实现计件工资制向计时工资制的转变并不是轻而易举的事，需要人员、工艺、订单排产、物料配送、设备、生产节拍、标准化作业等多方面要素的支撑。

1. 合格的班组长

班组长是精益生产的带头人和领路人，是承上启下的关键一环。班组长的能力强弱是关系精益生产能否真正落实到位的关键。对班组长队伍的培养要从以下 3 方面入手：①科学合理地规划班组长的管理范畴；②围绕班组长的职能职责梳理其工作内容、日常行动、月度行动和通用类管理工具；③建立班组长的素质模型，确定任职资格，提升班组长的管理能力。

2. 合格的员工

要实现转型，践行精益生产，除了带头的主管和班组长，真正将精益生产落实到位的是普通蓝领工人，他们是基础因素。因此，必须选用和培养一群适合精益生产大环境的合格蓝领工人，他们应能满足以下几方面要求：①迅速转变理念，提升自身技能水平；②能进行有效、持续的改善，对生产车间存在的问题提出自己的主张和看法，促进生产效率的提升；③技能水平较高，有一定的岗位柔性。

3. 均衡的订单排产

销售部门根据市场发展趋势及企业经营战略，本着淡季库存补充、旺季库存消化的原则，形成年度分月均衡销售需求计划；生产部门发挥最佳产能，按照最低制造成本、最大限度地满足销售需求计划的原则，确定标准生产能力，实现生产订单的均衡化。

4. 及时的物流配送

针对物流配送时作业环节较多、效率较低的问题，存在的发货、收货不清晰、不准确的问题，物流配送员工与生产一线蓝领工人之间存在矛盾的问题，必须建立高效的物流配送体系，明确界定仓库保管员、物料配送员、与生产一线蓝领工人之间的职责界限，将对产品质量和数量的考核适当向物流配送体系延伸，强化物流配送体系对生产一线的服务与支持功能。

5. 可靠的生产设备

针对设备选择、使用、保管方面存在的问题，要建立全面有效的设备管理体系。调动全员参与设备的管理，不仅要求设备维修部门做好设备的维护和保修，也要求在设备的引进和使用阶段，做好设备的检测工作，同时选择适合的设备进行工作。充分调动现有设备的利用率和使用率，消除由突发故障引起的停机损失，用最小的损失获得最大的产出。

6. 高质量的零部件

企业应从源头的供应商选择到零部件生产过程监控，再到零部件交付入库检查及后期的管理索赔等诸多方面，督促供应商确保零部件的合格率与高质量。

第十三章
市场人员薪酬激励管理
——绩效 + 基薪提成薪酬激励

市场营销是企业创造、沟通、传播和交换产品时，为客户、合作伙伴以及整个社会带来价值的活动、过程和体系。市场人员正是实现这一活动过程的重要载体。让市场人员有创新、有激情、有战斗力、有奉献地去完成这一活动，为企业带来经济利益，激励是最重要的手段之一，特别是薪酬福利的激励。

13.1 市场一线人员激励关注——从五个维度来关注

1. 高绩效应获得高回报

市场人员是价值的直接创造者，他们的业绩与价值直接挂钩，量化的绩效指标（销量、利润、市场占有率）更直接推动他们取得高绩效。同时，他们要面对残酷的竞争、销售指标的压力，需要奔波于客户、用户、市场之间，风餐露宿，比后台岗位付出了更多的艰辛。因此，让创造出高绩效的人获得相应的高回报是市场人员关注的核心。

2. 呼唤"炮火"支援

市场人员身临一线，他们嗅觉灵敏，掌握着市场环境的风吹草动和竞争对手的一举一动，如果想要快速响应市场、打胜仗，必须有"炮火"支援，必须让听得见"炮火"的人呼唤"炮火"。团队应同时具备目标评审权、营销政策批准权、市场人员任命权、绩效分配权、决策权，以拥有最及时的资源而最高效地达成目标。

3. 在职有发展，退职有归宿，不为职业发展担忧

市场人员能够清晰地洞察市场变化、熟悉客户的需求、精通营销作业，如果能与后台有效轮岗，将会最大限度地发挥他们的价值。相反，如果他们在市场的工作时间过长，养成了特有的生活习惯，待他们回到后台时，很难找到适合自己的工作定位。因此，企业要为市场营销人员建立起职业发展规划，定期轮岗交流，把市场意识带到后台，把后台管理带到前端，不断优化管理。同时，针对在市场工作时间长、有业绩贡献的人员，回来后要妥善地安排工作。

4. 家庭经营与子女教育

长期驻外，如何恋爱，如何顾家？家庭无法及时照料，如无法为老人尽孝、辅导子女教育、房子装修等，而这些往往由家人独立承担，如何解决这些后顾之忧是市场人员较为关注的。

5. 荣誉与尊严

市场人员好比战场上的勇士，无坚不摧，至高无上的荣誉是勇士追求的终极目标。他们代表公司进行重大商务洽谈、重点客户开发，是企业品牌传播的窗口。对于他们的业绩贡献，除了物质方面的激励外，精神激励同样重要。企业要为这支队伍设置专门的荣誉，如销售冠军奖。有时要在住宿等方面提供政策，让他们工作有劲头，住得体面等。

13.2 不同销售模式人才特点——三种模式人才各异

根据销售渠道的不同，可将销售模式分为分销、直销、互联网营销，不同的销售方式对市场人员的素质能力要求是有差异的，同时在薪酬激励方面的政策也应有所差异。

表 13-1　差异化销售模式下的人才特点

模式	定义	人才特点
分销	厂家通过在各区域建立并管理经销商实现销售	具备较高市场与客户分析、渠道开发、活动策划、沟通协作、体系建设、团队管理方面能力
直销	厂家绕过传统批发商或零售，直接从顾客处接收订单并实现销售	具备较高的资源与信息获取能力、订单抓取能力、有效判断及商务谈判能力
互联网营销	厂家借助互联网平台，利用网络手段实现销售	具备较强的客户关系管理能力，能够有效沟通、引导消费者购买行为

13.3　市场人员职业生涯管理——三通道多层级发展

为市场人员设定好职业发展通道是非常重要的，根据企业营销队伍的人才发展规划对市场人员设计三通道多层级的职业发展路径，同时加强培训、培养，让他们纵向有职位职级晋升，横向可与管理技术人员有轮岗交流发展等，具体职业发展路径见表 13-2。

表 13-2　职业发展通道

公司层面				经销商层面
管理线	专业线	营销线		经销商层面
^	^	管理线	工程	^
营销总监	营销专家	市场总监	首席服务工程师	创业合伙人
高级经理	^	^	^	^
助理高级经理	主任主管	市场经理	主任服务工程师	经销商品牌经理
经理	高级主管	市场副经理	高级服务工程师	^
副经理	主管	业务员	服务工程师	经销商业务员
新员工				

13.4 分销模式薪酬激励管理——能力业绩分配激励

分销模式下市场人员工作模式以市场管理、服务支持为主。因此，在进行薪酬激励政策设计时要基于市场人员的素质能力水平和市场业绩来进行，即以"能力+业绩"为主导的激励模式。

1. 薪酬结构设计

分销模式下薪酬结构通常为"月度工资+年度绩效奖"。

（1）月度工资

根据年度绩效及能力评价确定薪酬水平，旨在强化月度目标达成与管理能力提升，具体包括基本工资+绩效工资。其中，绩效工资月度占比应≥50%，通过绩效考核体现最终收入。绩效工资系数设计如下表所示。

表 13-3 绩效工资系数设计表

序号	计划完成率	绩效系数	销售计划完成率
1	120% ≤ N	1.2	120%
2	110% ≤ N<120%	1.1	110%
3	100% ≤ N<110%	1	100%
4	90% ≤ N<100%	0.9	90%
5	N<90%	0.8	80%

（2）年度绩效奖

旨在激励市场人员达成年度目标，市场人员在完成一定绩效或超额完成绩效目标时可获得此类奖励。企业可以根据业务的生命周期、业务的性质、区域特点进行组合式的奖金设计，具体有以下几种激励方式。

①阶梯式奖金激励：该激励方式是比较常见的，按阶梯设计激励政策，上有封顶，鼓励市场人员努力去完成和超额完成目标，具体设计激励可以参照表13-4。

表 13-4　阶梯式奖金激励模式

激励模式	销售计划完成率	奖金		
^	^	基本工资（元）	激励系数	奖金额度（元）
阶梯式奖金激励	120%以上	10000	1.5	18000
^	110%—120%	^	1.2	13200—14400
^	100%—110%	^	1.0	10000—11000
^	80%—100%	^	0.9	8000—10000
^	<80%	^	0	0

注：奖金以月度工资为基数。

②比率奖金激励：此方式采用持续激励的思路，奖金上不封顶、下不保底，鼓励区域持续超额完成目标，体现出"多劳多得，不劳不得"的原则。

表 13-5　比率奖金激励模式

项目	奖金以目标奖励的变动百分比支付	
比率奖金激励	奖金支付比例	
^	<销售目标	每完成1%的销售目标获得目标激励薪酬的1%
^	≥销售目标	每超额完成1%的销售目标获得目标激励薪酬的1.5%

③关键绩效目标达成奖励：此方式针对销售人员制定了几个关键绩效指标，并根据指标的程度设定不同的权重。通过绩效考核评价出各项指标的完成情况，以对应得分。根据最终评价的分值作为奖励系数，并计算奖金额度。

表 13-6　关键绩效目标达成激励

目标奖励额	20000元			
关键绩效指标	销量计划	市场占有率	利润目标	渠道开发
目标值	……	……	……	……
权重	30%	30%	30%	10%
绩效得分				
奖金额度	目标奖励额 × ∑绩效得分/100			

2. 绩效指标设计

分销模式下市场人员重点关注销量、占有率，同时强化渠道开发与培育、市场推广等过程管理职能。

表 13-7　分销模式绩效考核量化表

关键绩效指标	权重	公式	目标值	考核评价
销售计划完成率	20%	销售额 / 计划销售额 ×100%		
市场占有率	20%	产品销售量 / 目标区域销售总量 ×100%		
网络渠道培育计划完成率	20%	网络培育完成数 / 计划数量 ×100%		
客户信息使用计划完成率	10%	使用客户信息数量 / 计划数量 ×100%		
经销商组织建设完成率	10%	完成数 / 计划完成 ×100%		
市场调研计划达成率	10%	市场调研数量 / 计划数量 ×100%		
市场推广费用控制率	10%	发生推广费用 / 计划推广费用 ×100%		
评价综合得分				
评级标准		A	B	C	D
		≥100 分	80—90 分	70—80 分	70 分以下
直管领导评价				

13.5　直销模式薪酬激励管理——业绩提成分配激励

直销模式下，市场人员一般靠自己的能力直接去经营客户，为争取客户资源，维护好客户，他们要不断与客户交流，并投入资源才能获取订单。他们投入的精力、资源的多少以及用心的程度决定了他们能获得多少订单。因此，对他们的激励必须本着业绩与投入成比例的原则，鼓励高绩效、高回报。

1. 薪酬结构设计

直销模式下注重业绩目标达成，通常采用"基本薪酬+绩效奖"的方式。

（1）基本薪酬：市场人员每月发放固定的基本工资，以满足基本的生活保障为原则，月度按固定标准发放，不参与考核。

（2）绩效奖：即"提成工资"，是按销售业绩指标完成情况确定薪酬的工资制度，可分为直接绩效奖和阶梯式绩效奖。其中，直接绩效奖是市场人员按产品或服务直接销售量的固定百分比提取的绩效奖；阶梯式绩效奖是将销售目标阶梯化设计，分阶段制定提成奖励标准。

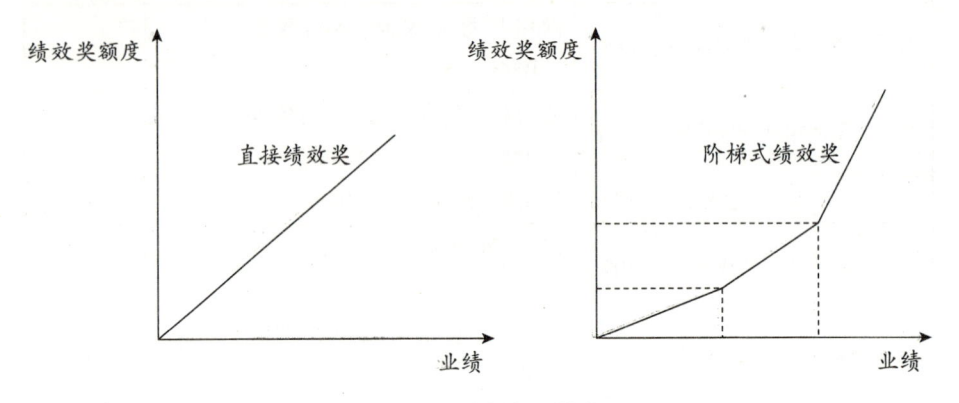

图 13-1 绩效奖模式

直接绩效奖是按照固定比例的系数根据业务完成率测算销售人员奖励，上不封顶，下不保底。而阶梯式绩效奖提供了分段激励，在达成一定的销售目标后，绩效奖比例会发生变化，一般是完成绩效目标越高，奖励的比例就越大，刺激人员努力达成更高的目标。企业可根据自身的业务特点、业务发展阶段及战略定位，来选择相应的激励模式，以及设计激励比例。

2. 绩效指标设计

直销模式取消或者减少了中间销售环节，能够直接面向目标客户群体，故在考核方面应更关注与客户有关的绩效指标。因此，除了关注销售量、销售额、销售费用率、市场占有率等通用指标外，还应关注客户满意度、销售回款、坏账等方面的内容。

表 13-8 直销模式绩效考核量化表

关键绩效指标	权重	公式	目标值	考核评价
销售额	20%	负责区域超销售收入总和	××万元	
市场占有率	10%	产品销售量/目标区域同类产品销售总量×100%	×%	
销售计划完成率	20%	实际销售额/机会销售额×100%	×%	
销售费用率	10%	销售费用/销售额×100%	×%	
回款完成率	20%	实际回款额/计划回款额×100%	×%	
客户满意度	10%	客户对产品及销售工作的满意度评分的评级值	×分	
客户投诉	10%	客户有效投诉次数	×次	
评价综合得分				
评级标准	A	B	C	D
	100分以上	80—90分	70—80分	70分以下

13.6 互联网式薪酬激励管理——团队平台创新激励

互联网营销模式是指企业借助互联网平台进行各种营销，从而实现营销目标的营销模式。互联网营销模式有很多种，如搜索引擎营销、即时通信营销等。这些营销均通过互联网平台来完成。对平台的管理，要求的人员素质是不同的，对其激励的模式自然也不同，具体如何来设计激励，可以按以下方式来进行。

1. 薪酬结构设计

互联网模式下要求员工具备较高专业知识、作业技巧以及较高的综合素质，一般基于团队力量完成相关销售任务，故其通常采用"能力薪酬+绩效奖金+团队奖励"的方式。

（1）能力薪酬：企业根据员工所具备的任职资格来确定薪酬水平，卓越的技术与管理能力是其获取竞争优势的关键。能力薪酬主要以岗位价值、任职资格水平、绩效达成来衡量薪酬。

（2）绩效奖金：由于互联网营销能够直接面对客户，其绩效奖励与直销模式类似，是按业绩指标完成情况确定人员薪酬的方式。

（3）团队奖励：也可称为"利润分享计划"，是指员工根据其工作绩效而获得一部分公司利润分享。利润额度是从企业利润中按一定比例提成，分配方式如表 13-9 所示：

表 13-9 "利润分享计划"分享额分配方式

分配方式	内容
按工资的固定百分比分配	该种方式以工资为基础，把分红作为一种补充劳动报酬。分配时按照工作标准，统一比例分配。全员分配总和等于分配额度
按工资的累进百分比分配	在该种方式中，工资层次越高，所获劳动红利百分比越高，累进分配方式主要起着拉大工资档次、刺激员工多做贡献的作用
按"分红系数"分配	根据年度红利总额除以系数总额，求出标准红利，再乘以个人所承担工作的红利分配系数。公式为：$A=[Y/(X_1-n)] \times X_n$。其中，Y 为年度分红总额；X_1-n 为系数总额；X_n 为个人红利分配系数

2. 绩效指标设计

互联网营销主要依靠互联网平台，考核方面更应关注与客户有关的信息数据指标。因此，可以销量（成交量）、客户邀约等为主要指标。

表 13-10 绩效考核量化表

指标分类	指标名称	提成标准	公式	目标值	考核评价
线索清洗	清洗下发率	X%	线索下发量/线索分配总量×100%	Y%	
	邀约进店量	X 元/条	当月邀约进店客户的数量	Y 条	
	成交量	X 元/台	当月下发线索中 DMS 实销数量	Y 台	
保客挖掘	呼出量	X 个/天	实际呼出量/目标量×100%	Y 个	
	邀约进店量	X 元/条	当月邀约进店客户的数量	Y 条	
	成交量	X 元/台	当月下发线索中成交的数量	Y 台	

续表

指标分类	指标名称	提成标准	公式	目标值	考核评价
电商售前	询单转化率	X%	下单的客户数/接待的总客户数×100%	Y%	
	销售额	X元/万	千牛工作台统计实际销售金额	Y万	

13.7 个性化的福利激励管理——因人因地差异激励

由于市场人员工作性质主要面对市场、面对客户，其工作地点一般以市场为中心。他们长期在外，对他们的福利激励政策应充分考虑其艰苦性、安全性、方便性、消费水平来设计，以鼓励他们去不同地方工作。具体激励可以参照表13-11中的内容来设计。

表 13-11 市场人员相关福利科目

类别	科目
法定福利	社会保险、住房公积金、独生子女费、探亲假路费、冬季取暖费、防暑降温费、丧葬费……
企业通用福利	医疗卫生费用、过节费、生日礼品费、防雨防寒费、体检费、献血补助、租房补贴、新聘人员补助、生活困难补助、慰问费、伙食补贴、员工通勤班车、交通补贴……
营销特色福利	意外商业保险、住勤补贴、餐饮补贴、巡回费、通信费、招待费、办事处经费、亲属探望假、岗位津贴、艰苦补贴……

13.8 市场人员激励保障措施——构建激励保障生态

薪酬福利激励能够有效地激发员工活力、实现个人价值、提高工作效率、推动企业发展。在企业推行行之有效激励的同时，需要建立高素质的人才队伍、良好的工作环境、完善的保障机制。

1. 人才质量保障

对市场人员的有效薪酬激励必然带来企业的高额成本，因此市场人员的配备要"精"，包括最精简的数量、最精明能干的能力。在人才选拔上，做到"严进宽出"，制定严格的"门槛"条件把好质量关；强力度的绩效优化方案将人才结构优化常态化；实施市场人员竞聘制度，公布区域、目标、策略、成本，双向选择与竞聘……只有这样，才能保障业务战略落地。

2. 权利与资源保障

市场人员是企业产品力与营销力得以实现的载体，能第一时间感知市场环境变化、客户需求、竞品动态。因此，为保障市场人员能够快速地响应市场与客户的需要，必须给予市场人员适当的决策权、用人权、绩效分配权及匹配的资源。有必要严格审视一线和后台的关系，深度精简营销后台组织，提高决策效率，优化一线组织架构，以响应市场需求、实现决策前移、提高专业化水平。

3. 职业发展通道保障

市场的工作与营销职能有着显著的差别，在市场要设置多向的发展通道，充分发挥市场人员的价值和潜力。因为市场人员在市场研究、客户分析、销售管理、渠道开发、活动策划、团队管理等多方面具备优秀的能力，公司需打通市场与后台的人才交流通道，既发挥市场人员的价值，弥补后台能力的不足，又解决市场人员的后顾之忧。

4. 后勤服务支持保障

市场人员在外长期出差、环境艰苦、绩效压力大、与家人和朋友相聚少，对一线的绩效考核标准必须做到公开、公平、公正。薪酬福利的发放必须及时到位。同时，要增加对市场人员的慰问，对其家属的慰问，解决因长期在外而顾虑的问题，让市场人员安心工作。

案例 13.1：某公司市场人员薪酬政策管理办法

第一章 总则

1. 目的：为明确各岗位的职能职责，确保公司年度销售计划的完成，本着有利于发挥一线人员积极性、有利于销售目标的实现、有利于业务结构调整的原则，特制定本制度。

2. 范围：本制度适用于×××公司驻外市场一线区域经理、销售经理、销售代表的管理和考核激励全过程。

3. 市场管理模式：××××年市场销售模式以经销为主，直销为辅。各产品实行分线管理，每个区域配备一名区域经理统一管理。下设多名销售经理、销售代表。

第二章 区域经理

1. 职能职责：

1.1 负责区域团队建设；

1.2 区域目标管理、对总目标达成负责；

1.3 负责客户开发计划的执行；

1.4 负责区域内金融/分期风险的控制、重大纠纷的处理。

2. 薪酬结构：月薪（基本工资+浮动工资）+超额奖+目标经营承包奖。

3. 月薪标准：基本工资按月足额发放，月度浮动工资按照绩效指标完成情况核算发放。

3.1 区域经理工资标准分为5档，具体为：

表 13-12 工资标准

月工资标准（元）	区域经理
16000	B1
14500	B2
13000	B3
11500	B4
10000	B5

3.2 月薪基本工资（固定）与浮动工资比例为 50%：50%。

3.3 月度浮动工资核算指标：区域经理的浮动工资与区域整体的销量目标完成情况、分销目标完成情况、回款目标完成情况挂钩参与考核，具体如下：

表 13-13　浮动工资核算指标

浮动工资核算指标						浮动工资上限	备注
指标 1	权重	指标 2	权重	指标 3	权重		
销量计划完成率	30%	分销计划完成率	30%	回款计划完成率	40%	月度上限 200%，年度上限 300%	

3.4 当月应发工资：

当月应发工资 = 固定工资 + 浮动工资 × 30% × 销量计划完成率 + 浮动工资 × 30% × 分销计划完成率 + 浮动工资 × 40% × 回款计划完成率。

4. 超额奖：按照第五章规定。

5. 目标经营承包奖

5.1 享受人员：区域目标经营承包奖用于激励完成目标的区域经理，区域经理可选择性进行统筹支配。

5.2 承包奖金额：年初由公司与各区域经理签订年度目标经营承包书，并设立经营承包奖。

表 13-14　经营承包奖

销量目标（X）	区域	经营承包奖金总额（元）	合计预算（元）
X ≥ 1000	华中	10 万	37 万
800 ≤ X < 1000	华东、中南	8 万	
500 ≤ X ≤ 800	东北	5 万	
200 ≤ X ≤ 500	西北、西南	3 万	

5.3 考核指标

经营承包书为区域设定了销量、销售收入、逾期率、产品结构、附加值等经营目标，年底根据各指标是否完成，按照所占权重进行激励：

表13-15 绩效评价指标

指标		权重
业绩指标	销量完成率	25%
	优质产品销量结构占比	15%
质量指标	销售收入	25%
	逾期率	15%
	回款完成率	20%
合计		100%

5.4 享受条件：区域销量计划完成率≥90%、回款完成率≥80%、区域销售额超过年度目标。

第三章 销售经理

1. 职能职责：

1.1 对个人区域目标达成负责；

1.2 负责在公司允许的区域范围内进行销售作业；

1.3 负责个人所辖区域内客户开发计划的实施；

1.4 对个人区域的费用管理负责；

1.5 负责个人区域对危机事件策略提出及处理；

1.6 个人区域市场运行策略的制定。

2. 薪酬结构：月薪（基本工资＋浮动工资）＋超额奖。

3. 月薪标准：基本工资按月足额发放，月度浮动工资按照绩效指标完成情况核算发放。

3.1 销售经理工资标准分为5档，具体为：

表13-16 工资标准

月工资标准（元）	销售经理
13000	C1
11500	C2
10000	C3
8500	C4
7000	C5

3.2 月薪基本工资（固定）与浮动工资比例为60%∶40%。

3.3 月度浮动工资核算指标：销售的浮动工资与区域整体的销量目标完成情况、回款目标完成情况挂钩参与考核，具体如下：

表13-17　浮动工资核算指标

浮动工资核算指标				浮动工资上限	备注
指标1	权重	指标2	权重	月度上限200% 年度上限300%	
销量计划完成率	70%	回款计划完成率	30%		

3.4 当月应发工资

当月应发工资＝固定工资＋浮动工资×70%×销量计划完成率＋浮动工资×30%×回款计划完成率。

4. 超额奖：按照第五章规定。

第四章　销售代表

1. 职能职责：

1.1 协助销售经理负责所辖区域市场策略、计划制订；

1.2 协助销售经理负责所辖区域回款的调度；

1.3 协助销售经理负责所辖区域销售工作推进；

1.4 负责所辖区域客户档案的统计及日常维护、所辖区域销售业务数据的统计工作。

2. 薪酬结构：月薪（基本工资＋浮动工资）＋年薪奖。

3. 月薪标准：销售代表月度固定3000元作为基本工资每月足额发放，剩余部分作为浮动工资，与所在大区计划完成率挂钩参与考核。每月实际发放的浮动工资不得超过月度浮动工资标准的200%，年度累计实际发放浮动工资总额不得超过年度浮动工资标准的300%。

3.1 销售代表工资标准分为4档，具体为：

表 13-18　工资标准

月工资标准（元）	销售代表
8500	D1
7000	D2
5500	D3
4000	D4

3.2 月薪基本工资（固定）与浮动工资分配：月度工资 3000 元，浮动工资＝工资标准－月度工资。

3.3 月度浮动工资核算指标：销售的浮动工资与区域整体的销量目标完成情况、回款目标完成情况挂钩参与考核，具体如下：

表 13-19　浮动工资核算指标

浮动工资核算指标		浮动工资上限	备注
指标	权重		
销量计划完成率	100%	月度上限 200% 年度上限 300%	

3.4 当月应发工资＝固定工资（3000 元）+浮动工资×区域销量计划完成率。

4. 年薪奖：年薪奖与年度绩效综合评价挂钩，年终支付年薪奖标准＝1 个月工资标准。

第五章　补充规定

1. 浮动工资

1.1 浮动工资指标释义：区域经理、销售代表采用区域整体指标统计，销售经理按照其个人指标统计。浮动工资计算一年一清，不跨年累计。

1.2 浮动工资上限：每月可发放的浮动工资额度按照 200% 的规定进行上限封顶，计算出的剩余部分结余转次月发放，以此类推，按照应发浮动工资额度进行滚动，至次年 1 月对累计结余的浮动工资额度与年度实际发放的浮动工资额度进行年底统算，在年度实际发放的浮动工资总额度不得超过 300% 的规定基础上，将累计结余浮动工资部分一次性发放完毕。超出年度上限的浮动工资不再发放，予以清零。

2. 超额奖

2.1 享受人员：工作满1年的区域经理、销售经理。

2.2 享受条件：年度销售额目标完成率100%以上、年度回款目标完成率100%以上。

2.3 计算方法：超额奖=（实际销售额-目标销售额）×万元激励标准。

表13-20　超额奖核算方法

人员类别	重点产品		普通产品	
	≤平均附加值	>平均附加值	≤平均附加值	>平均附加值
区域经理	150元/万元	250元/万元	100元/万元	150元/万元
销售经理	400元/万元	800元/万元	250元/万元	500元/万元

3. 否决条件

当有以下行为之一时，责任人不能享任何奖金：

3.1 分期、金融业务逾期现象严重未及时反馈或隐瞒客户重大经营变化情况；

3.2 发生诉讼业务，给公司造成相应损失，且本人未有效配合执行公司的风险处理方案或有严重失职行为；

3.3 经诉讼挽回公司损失，但本人未有效配合执行公司的风险处理方案或有严重失职行为；

3.4 严重违反公司纪律。

第十四章
研发人员薪酬激励体系
——能力+项目绩效薪酬激励

企业间的竞争靠什么？最终靠的是产品。以华为为例，华为以客户为中心实质是将客户需求进行落地，明确创造什么样的价值才是客户需要的。创造价值的过程就是不断为用户提供产品和服务的过程。创造产品靠什么来实现？自然靠研发团队来实现。当今时代科技进步、技术迭代，产品生命周期越来越短。企业要保持市场竞争力就必须不断地开发新产品，并快速推向市场，满足客户需求，这样才能保持企业持续快速发展。因此，企业对研发的投入占比在一定时期内会逐步加大，如华为长期以来坚持研发投入不少于销售收入 10% 的比例，对人才资源的投入也越来越大，这就不可避免地使人才薪酬激励成本压力越来越大。而对研发人员激励投入的人工成本是否产生效果，创造出用户欢迎的好产品，这是企业最为头痛的问题。本章将从技术研发模式、研发人才发展、薪酬激励模式以及项目化激励等方面来讨论研发人才的薪酬激励。

14.1 研发人员关注的激励——从六个维度来关注

研发人员具有素质高、培养周期长、自主意识强、注重知识更新、不易替代等特点，其关注点主要包括以下 6 个方面。

1. 从事的研发业务工作是否具有持续创新性

研发人员对于自己所从事的研发业务工作和内容有很高的要求和关注度，他们希望从事的是行业当下最受关注、技术含量高、具有较大挑战性和持续创新性的研发业务。这些研发工作可以为研发人员带来知识更新、经验积累、能力提升等，为其职业发展提供原动力和推动力。

2. 使用的研发工具是否具有先进性

研发人员对于设计软件、开发工具十分关注，一般大的设计研发公司都会自己配置先进的研发工具，因为这些工具不仅会决定工作效率，而且能保证研发人员技术的先进性。

3. 能否获得持续学习、快速成长的机会

研发人员不仅关注企业在行业中的竞争地位和发展前景，更关心自己在企业中的职业规划和自身技术能力的提升，希望能在工作中逐步形成自己的竞争力。因此，企业需为研发人员设计多重职业发展道路和职业发展的机制。

4. 能力提升是否可获得加薪

研发人员对能力提升可获得加薪非常看重，尤其是企业有无能力评估晋升制度以及晋升后如何获得薪酬增长，这就要求企业建立能力评估体系，定期评估研发人员能力水平及市场价值，并根据评估结果，结合晋升制度和薪酬调整制度，及时调级调薪。

5. 完成项目的认可度及薪酬激励的当期性与长期性

完成研发项目后企业如何去认可，申请专利的归属权以及有无激励，是情感激励还是薪酬激励等，也是研发人员比较看重的。项目完成后，无论采用哪种激励模式，对研发人员来说都十分重要。项目绩效与薪酬激励的当期和长期挂钩，让项目成果与激励强相关，与项目在市场上的表现以及带来的收益相关，会让他们更有动力去开发好的产品，甚至是爆品。

6. 是否有尊重专家的文化

尊重和自我实现是每个人的最终目标，企业要根据业务需要进行有效授权，尊重研发专家，让研发专家决策、建议，给予他们足够的舞台和自我价值发挥，

让其有发言权,有成就感和尊严感。同时,企业可以建立相应的专家管理机制、参会议事机制和薪酬倾斜的激励机制等,这些文化和制度正是他们关注和需要的。

14.2 研发业务的管理模式——三运作五知识管理

研发业务管理从狭义上讲,是指对研发技术部门及其工作进行管理,重点是产品开发及其测试过程的管理。从广义上讲,研发业务管理不仅包括技术开发工作,还包括研发团队建设、研发体系建设、流程设计、绩效管理、风险管理、成本管理、项目管理和知识管理等。根据以上概述,研发业务管理模式可从运作方式和知识体系两个维度进行分类。

14.2.1 从运作方式分类

研发业务管理模式从运作方式可分为自主研发、合作研发、委托研发3类,具体如表14-1所示。

表14-1 三类研发管理模式内容及优缺点

序号	类别	内容	优点	缺点
1	自主研发	企业行为从产品概念构想开始,贯穿产品到达消费者手中的全过程,企业可自主进行基础理论研究,或者直接引进科研成果。主要用于企业核心技术的开发	• 可形成自己独特的技术或者产品	• 资金投入大 • 商品化速度慢,未达到预期效果的风险高
2	合作研发	企业、科研院所、高等院校、行业基金会等组织机构,以组织成员的共同利益为基础,为克服研发中高额投入和不确定性而结成的伙伴关系	• 可迅速提高企业的技术能力,分散风险 • 商品化速度快	• 存在技术不相容、诚信等风险
3	委托研发	企业将所需技术的研发工作通过协议委托给外部机构完成,不进行研发过程合作,只享有研发成果。主要用于企业非核心技术的开发	• 委托方只是投入资金,不承担研发和成本风险	• 存在研发成果归属分歧风险

14.2.2 从知识体系分类

研发业务管理模式从知识体系上可分为项目管理职能开发、PACE、IPD、SGS、PVM。

表 14-2 研发业务管理模式介绍

序号	类别	基本思想	核心内容	适用企业
1	项目管理职能开发	• 按照产品生产流程，根据各部门项目管理职能，进行矩阵式管理	• 项目经理并不对产品的最终市场负责 • 关注各部门的纵向管理	通用
2	PACE	• 认为问题必须通过综合的方法来解决 • 流程演进的每个阶段都需要按部就班	• 阶段评审决策 • 对多个产品及资源的投入进行管道管理	市场需求较为明确的企业
3	IPD	• 强调对产品开发进行有效的投资分析 • 通过严密的计划、准确的接口设计，使后续活动提前进行	• 跨部门团队 • 结构化流程 • 优化投资组合	管理能力相对成熟的企业
4	SGS	• 听取消费者意见，做好必要的前期准备工作，采用跨职能的工作团队 • 进行严格的项目筛选和组合管理	• 关注有效的入口决策和组合化管理 • 制定产品创新战略	产品更新较快的企业
5	PVM	• 做正确的事 • 正确地做事 • 正确地做成正确的事	• 强调项目管理对于产品研发的核心作用 • 突出产品需求分析、产品概念和营销组合的协调	较难实现差异化的中小型企业

14.3 研发业务的人才发展——四通道多层级发展

根据研发业务特点，研发人员人才发展通道一般分为项目管理序列、技术管理序列、行政管理序列、专家序列。纵向发展主要指企业内部职级的晋升路径，横向发展主要考虑到员工的不同发展意愿，使员工可跨序列拓展。通过纵向、横向的发展，丰富员工职业发展的通道。其中，专家序列是基于企业任职资格认证体系，根据相应级别评价标准对研发人员进行管理。

研发人员作为研发活动的核心组成部分，有着较强的专业技术和技能，针对研发人员需设计一套特有的适合其发展的职业生涯通道，具体如图14-1所示。

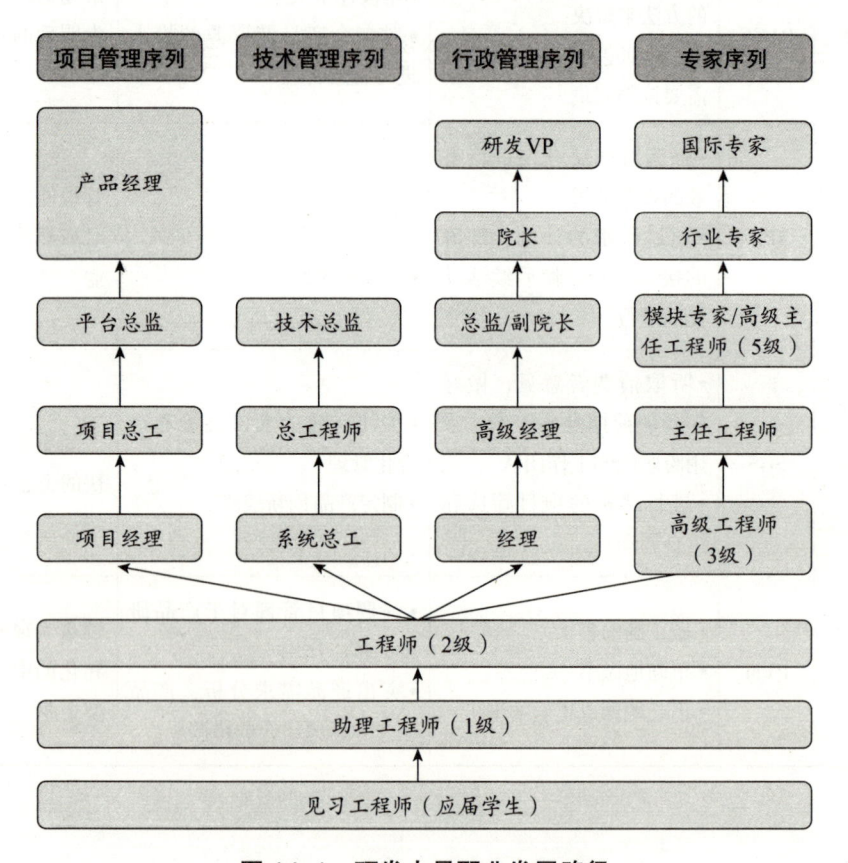

项目管理序列	技术管理序列	行政管理序列	专家序列
产品经理		研发VP	国际专家
		院长	行业专家
平台总监	技术总监	总监/副院长	模块专家/高级主任工程师（5级）
项目总工	总工程师	高级经理	主任工程师
项目经理	系统总工	经理	高级工程师（3级）

工程师（2级）

助理工程师（1级）

见习工程师（应届学生）

图14-1　研发人员职业发展路径

14.4 研发业务的薪酬激励——短中长三模式结合

14.4.1 研发人员薪酬激励模式

目前对研发人员的激励主要有以下三种模式，具体如表14-3。

表14-3 研发人员激励三种模式

模式	名称	内容	激励导向
模式1	基于岗位的薪酬激励模式	以岗位价值为基础构建的薪酬支付方法，薪酬水平只考虑岗位本身的影响	岗位激励导向
模式2	基于岗位+能力的薪酬激励模式	通过岗位激励保障基本生活，以员工所具备技能为基础、依据科学的能力评价体系构建的薪酬支付方法，以人的能力要素作为支付主要对象	能力激励导向
模式3	基于岗位+能力+项目的薪酬激励模式	基于岗位激励保障基本生活、能力激励促进员工技能提升、项目激励激发员工的创新意识的复合薪酬模式，通过项目兼顾企业的短期目标和中长期目标	项目激励导向

14.4.2 研发人员薪酬架构

研发人员薪酬结构一般包括月度工资、奖金和中长期激励。其中，月度工资分为岗位工资、绩效工资；奖金分为短期绩效奖金、项目奖金；中长期激励为持股计划。对照企业其他人员薪酬激励结构，项目奖金是针对研发人员特殊设定的。研发人员的薪酬激励结构如图14-2所示。

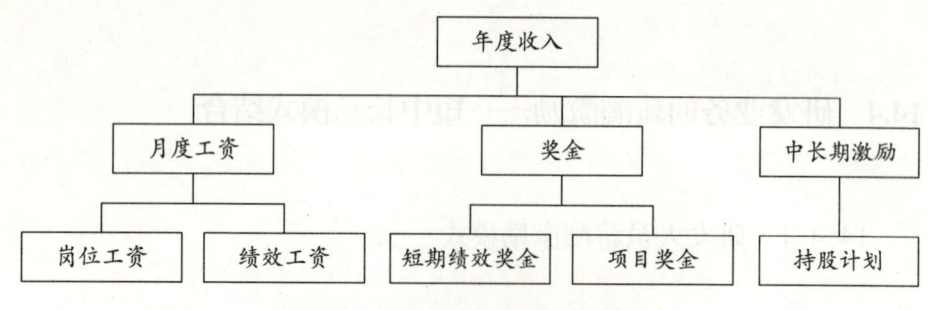

图 14-2 研发人员薪酬激励结构

以下为4家单位薪酬结构调研情况，具体如表14-4所示。

表 14-4 研发人员薪酬激励结构

单位	月度工资		奖金					中长期激励	激励特点
	岗位工资	绩效工资	月度奖金	季度奖金	半年奖金	年度奖金	项目奖金		
A公司	√			√		√	√	√	①工资相对固定与考勤挂钩 ②设置短期绩效奖金或项目奖金，与个人及组织业绩挂钩 ③中长期激励保留核心骨干人才
B公司	√		√			√		√	
C公司	√	√			√	√	√	√	
D公司	√			√		√	√	√	

14.4.3 研发人员薪酬激励模型

企业可根据研发业务目标制订相应的薪酬激励方案，并建立相应的保障措施，形成薪酬激励模型。模型应包含研发人员的职业发展体系、绩效管理体系、人才培养体系及鼓励创新的工程师文化，以激发研发人才创新，最终驱动研发项目目标达成。研发人员薪酬激励模型可参考图14-3。

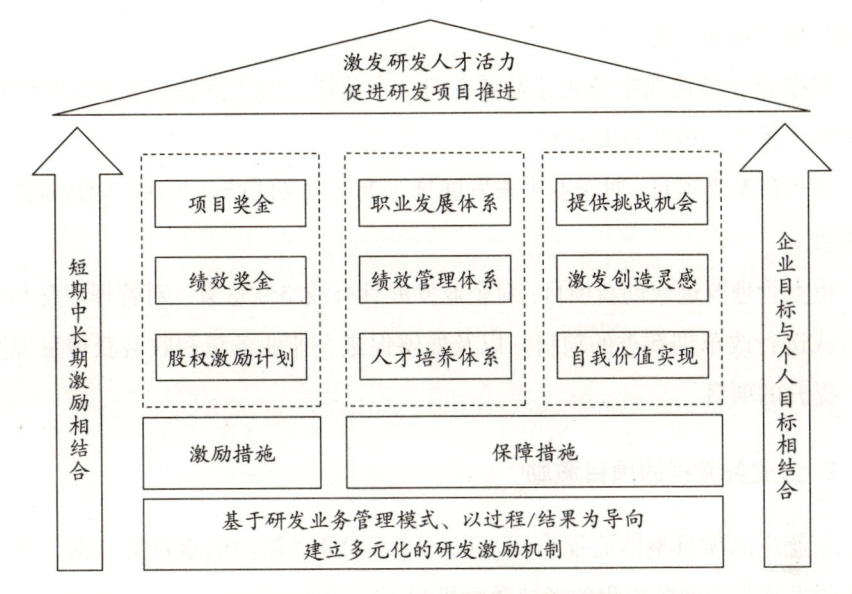

图 14-3　研发人员薪酬激励模型

14.5　研发项目的激励管理——节点激励收益分享

研发作为企业发展中至关重要的环节，技术含量高，具有较强的开拓性。因此，研发工作往往以跨学科、多领域专业人员共同参与、相互协作的项目团队的形式进行。

14.5.1　研发人员项目激励分类

项目团队往往由不同领域、不同职能的人员构成，通过项目激励有效调动项目成员的工作积极性显得尤为重要。企业一般将项目激励分为基于团队目标的项目激励和全业务流程的项目激励。

1. 基于团队目标的项目激励

为增强整个项目团队的凝聚力，企业一般针对某一个项目团队进行整体性激励，以激发成员荣辱感，增强团队的同进退精神，有效地将个人业绩与团队目标结合在一起。

根据企业经营战略及业务发展方向,企业建立的支撑核心业务发展的项目激励体系主要包括两大方面。

重大研发类项目:对企业未来发展具有重大意义的产品开发、创新及改进类项目。

重大管理改进或创新项目:对企业发展具有战略性意义、对管理理念和管理方式进行改革创新类的项目,以及能够促进企业业务量和收益获得重大突破、提升的项目。

2. 全业务流程的项目激励

企业应以项目整体流程为切入点,以不同业务阶段的重点为导向,建立基于研发项目全业务流程的考核激励机制。

企业往往基于项目开发流程中的关键项目节点,设立各个项目节点的开发进度奖金额度,根据各个项目节点考核指标,如项目完成及时性(D)、项目质量(Q)、成本(C)等,确定激励兑现额度。

(1)阶段性激励

阶段性激励主要是为保证该研发项目重要的关键指标而设立的贯穿项目始终、以项目节点为兑现周期的激励方式,当项目团队按时完成节点既定目标,即可兑现该阶段的奖励。

表 14-5　阶段性激励兑现比例

节点	P8	P7	P6	P5	P4	P3	P2	P1
内容	项目启动	……	……	……	……	……	……	项目结束
兑现比例	5%	10%	15%	15%	20%	10%	10%	15%

(2)长期收益激励

长期收益激励主要用于项目本身研发周期长,或者项目研发结束后,等待反馈信息或效果周期长,或项目需研发人员持续关注完善,具有持续社会效应的项目。此类项目收益应由企业设置技术委员会,专门用于项目长期激励的分配、设计和改进。

（3）偶然性激励

偶然性激励主要是为在研发项目某个阶段，个人/团队对整个研发项目作出具有重要意义的改进、改善，或个人/团队研发成果取得巨大社会效应、能力获得重大提升而设立的激励方式。如腾讯计算机系统有限公司针对其于2015年11月26日正式公测的王者荣耀MOBA手机游戏进行的激励，此类激励金额和分配方式依具体情况而不同。

14.5.2 研发人员项目激励分配

1. 项目激励奖金包核算

项目激励奖金包的确定有多种方式，下面介绍3种常见方式：

（1）自下而上确定奖金包：设定各个层级研发人员目标项目奖金基数，从而确定激励总基数，根据组织整体业绩系数，最终确定实际激励总额。

项目奖金包 = Σ公司员工目标项目奖金基数 × 组织绩效系数

（2）根据项目类别确定奖金包。

项目奖金包 = 项目奖金基数 × 项目系数

项目基本激励基数：如100万元，根据公司项目情况、历史的激励水平等综合确定。

项目系数：根据公司对研发项目的类别进行细分，对项目进行具体评估，确定项目的系数。

表 14-6 研发项目类别及激励系数

项目类型	项目系数	项目描述	评价参考内容
一类项目	1.1—1.3	全新的开发项目	①项目的重要级别 ②项目技术难度 ③项目创新性 ④项目周期等
二类项目	0.8—1.1	较大改动的开发项目	
三类项目	0.5—0.8	中型改动的开发项目	
四类项目	0.1—0.5	较小改动的开发项目	

（3）根据指标完成情况确定奖金包：企业在每个项目节点，按照之前设定的兑现比例及绩效考核情况，核算项目团队的整体奖励金额。

表 14-7 研发项目奖金包系数

序号	指标		奖金包系数			
1	质量	标准	100%	>95%	>90%	≤ 90%
		系数	1	0.8	0.5	0
2	成本	偏差率	<0%	0%	<5%	≥ 5%
		系数	1.1	1	0.8	0
3	进度	超周期天数	提前完成	0	<15	≥ 15
		系数	1.2	1.0	0.8	0

2. 项目激励在项目成员间的分配

项目成果取决于每个团队成员的贡献，该成果的取得与每个人的绩效情况和工作努力程度密切相关，如何进行公平、公正、合理的分配是项目激励分配阶段的重点工作。分配既要体现团队工作中每个人的不同价值，又要注重团结，要根据项目成员在项目中承担的角色和个人绩效，在总奖金包范围内进行差异化的价值分配，保证公平合理。

表 14-8 研发项目个人奖金兑现系数

激励对象	项目业绩贡献度	激励系数	说明
直接开发人员	优秀	1.1—1.2	①激励系数根据公司激励文化导向进行上下调节 ②倡导高业绩文化导向的公司可提高激励系数，提高激励水平
	良好	0.8—1.0	
	合格	0.5—0.7	
	不合格	0	
辅助开发人员	优秀	0.8—1.0	
	良好	0.5—0.7	
	合格	0—0.4	
	不合格	0	

14.6 研发业务的绩效管理——研发项目绩效激励

科学的薪酬管理体系，正确的绩效评价方法，有效的激励约束策略，能够充分调动组织和员工的工作积极性，支持并帮助企业赢得并保持人力资源竞争的优势。对研发人员的激励应始终坚持创新管理，持续深化薪酬绩效体系改革，创造性地构建"能力+项目"分配机制。

14.6.1 研发业务的绩效目标建立

产品研发与其他业务相比具有周期性、创新性和可控性等特点，企业对研发人员进行考核主要存在量化考核指标难以提炼、考核工具确定困难等问题。为有效解决这些问题，研发人员绩效目标建立需遵循以下原则：

1. 结果考核为主

绩效考核指标必须紧密结合企业战略目标，对目标进行层层分解，制定组织和岗位绩效目标，提取关键业绩指标。如果绩效目标过于强调结果或者行为，会造成研发人员忽视企业纪律或只注重做事方式和结果。因此，需要双管齐下，保证企业研发工作有条不紊地进行。

2. 时效性和实操性

在设计绩效目标时要追求少而精，不要对研发人员的所有工作进行考核，或者对相同工作从不同维度考核。绩效目标设计过多会造成目标导向性弱化，违背绩效体系管理的最终目标。因此，目标设计要精简，对定量指标需要具体数据和公式计算，对定性指标需要具有明确节点的目标值或标准，减少研发人员在绩效考核工作上耗费的精力。

3. 动态跟踪管理

研发人员的工作项目因受其特殊情况影响会有所变化，项目目标、节点、交付物等均会随着项目开展情况进行调整。因此，研发人员绩效目标也应及时调整，使之能在发挥绩效目标导向性作用的同时，对员工的绩效评价和激励分配起到关键性作用。

14.6.2　研发业务的绩效管理应用

绩效管理是以实现企业最终目标为驱动力，以工作目标设定为载体，通过绩效计划制订、绩效指导、绩效考核环节，实现对员工工作绩效的客观衡量和目标导向，用项目奖励推动工作开展，在保证薪酬分配对内公平与对外竞争的基础上，充分利用项目绩效发挥薪酬的激励作用。

1. 考核管理体系正常运作

企业需建立适合其实际运营的项目考核管理体系，并进行宣传贯彻，树立员工激励与项目强相关的意识，让员工相信高项目业绩能带来高报酬。企业应基于项目整体完成情况对项目人员进行业绩评价并给予相应的及时激励。

2. 正负激励实施行为引导

激励不等于奖励，激励不仅有正面的奖励，也包含约束和惩罚措施，奖励和惩罚是对立统一的。对利于项目进行的行为，公司可以采用奖励进行强化；反之，按照激励中的强化理论，可采用约束措施和惩罚措施，利用带有强制性、威胁性的控制技术来创造一种带有压力的条件，将员工行为引导到特定的方向上。

3. 绩效工资分配配套运行

项目绩效评价是指对项目决策、准备、实施、竣工和运营过程中某一阶段或全过程进行评价的活动。企业在确定以项目团队激励为主的项目绩效工资分配体制时，要充分了解几个关键点。

分享什么：是收益分享、利润分享还是风险分享。

团队激励强度如何：与团队激励工资相对应的是员工的个人基本工资收入与奖励，如何确定互相之间的比例；如何在不降低个人激励的前提下，加强对团队的激励。

激励兑现节点如何设置：以项目整体流程为切入点，打造研发体系、创新激励机制，结合不同业务阶段的重点导向，设计短期、中期、长期多维度的激励方式。

团队内部二次分配的计划是什么：是平均分配、按比例分配还是根据个人贡献分配。

绩效考核：团队效益由谁考核，如何做到公平公正。

14.6.3 研发业务绩效"双向"评价机制

针对研发人员，绩效管理评价一般采用职能和项目管理相结合的矩阵式管理模式，具有很强的灵活性。基于该类管理模式的特点，建立"双向"评价机制，可以实现各部门的有效配合和协作，集中各方力量确保目标的实现，达成绩效计划目标标准。

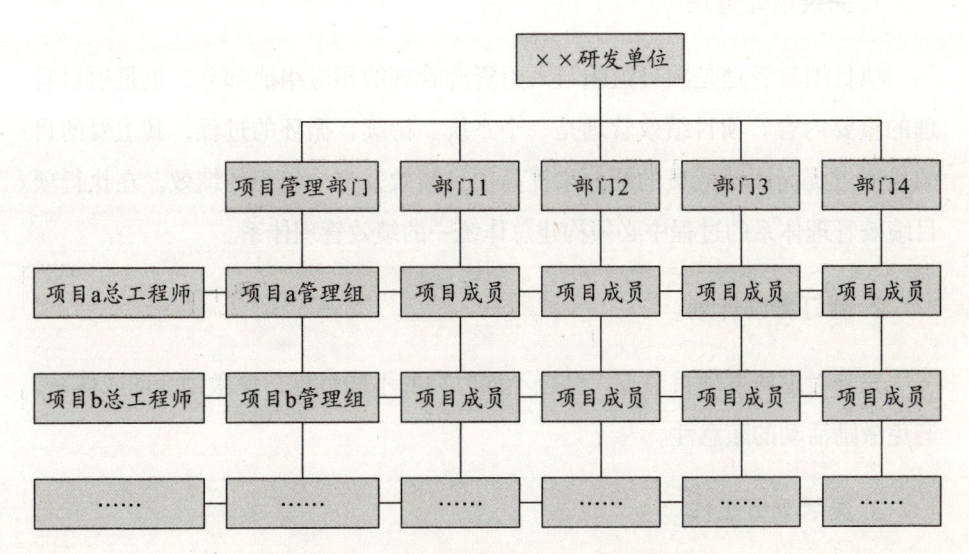

图 14-4 研发人员"双向"评价机制

从纵向来看，企业项目管理部门对项目团队的管理主要体现在节点管理、计划管理、成本与费用管理以及质量管理方面，评价内容和激励标准主要围绕项目 QCD 的指标完成情况、项目计划以及交付物展开，对研发人员的绩效评价主要集中在部门岗位职能职责的完成情况上。

从横向来看，研发项目团队对企业项目管理部门、职能部门也有考核评价的权利，主要涉及计划的协调配合能力、资源的支持、交付物的状态以及各职能业务目标成本及费用的达成情况等，对研发人员的绩效评价主要集中在项目平台上担任角色的完成度上。

研发人员绩效评价机制一般采用"双向"评价机制，从项目平台和部门岗位进行独立评价，最终按照适合企业的比例和权重对项目绩效评价和部门绩效评价进行有效融合，用客观的绩点数据对研发员工的阶段工作进行评价和反馈。

14.7 研发人员激励保障措施——构建激励保障生态

研发人员的薪酬充分发挥激励作用必须有相应的配套机制作为保障。

1. 完善绩效管理

项目绩效管理是项目组织与人力资源管理的相应组成部分，也是项目管理的重要内容。项目绩效管理是一个系统、持续、循环的过程，其主要的目的是通过提高团队成员的绩效来提高项目绩效及整个组织的绩效。在执行项目绩效管理体系的过程中必须构建总体统一的绩效管理体系。

2. 制订激励计划

充分考虑研发项目节点，结合不同时期的不同目标，使激励活动成体系，避免激励活动的随意性。

3. 灵活配置工作

在确定工作任务与能力的对应关系后，企业应着手建立能够与员工能力动态匹配的机制，定期对员工进行能力评估，确认员工具备胜任新工作的能力时，就可以相应地扩大其工作任务的内容与权限。

4. 建立文化制度

加强员工对激励活动的正确认识，增强员工对团队的归属感，营造积极激励气氛，加强正面榜样的树立。

第十五章
管理人员薪酬激励体系
——职位+能力绩效薪酬激励

15.1　管理人员关注的激励——从五个维度来关注

在进行薪酬激励设计前，首先要弄清楚什么是管理人员的关注点，围绕这些关注点再系统性地去进行薪酬激励政策优化设计。由于管理人员一般个人素质较高，对价值定位、今后的职业发展、希望过什么样的生活都有自己的期望与设计。对企业和人才来讲，就如池塘与鱼的关系，塘大可以养大鱼，反之鱼长不大；如果是好鱼则需要更大的塘，它才可以长得更大，价值自然就会更高。因此，对人才应采用相应的激励措施，而薪酬激励是激励的最主要手段之一。那么，对管理人员的激励关注点有哪些呢？

1. 职责清晰能力匹配定位好

无论是高层或一般管理人员，都希望自己从事的工作职责是比较清晰的。他们对职责授权、汇报关系、绩效目标是比较关注的。透过这些要素，他们可以评估自己对这份工作是否感兴趣、可以拥有什么样的资源以及达成目标的可能性。因此，企业一般都用职位说明书来进行规范管理。

2. 学习成长职业发展有成就

企业用什么样的方式让自己快速成长，这是管理人员最为关心的问题之一。从一些企业对员工满意度敬业度调查报告的数据来看，职业发展和薪酬一般都排在前两位。因为只有员工的能力提升了，在企业内部才有机会升职加薪。企业不给机会，他就会去其他企业，这是员工流失的要因之一。

3. 有必要的权力与资源

只要结果，不给资源，即使神仙也不能胜岗。一些企业出于不同的担心，不进行授权管理，反而对其进行过程管控、资源约束，造成管理者想干却无法干，无权可用，效率低下，甚至连自己的团队用人分配权都没有，这样的结果可想而知。

4. 薪酬激励当期长期应俱全

无论对管理人员采用何种激励方式，他们均会从激励与保障两个因素来考虑，关注当期激励和长期激励相结合的方式，以及这些激励项目的安全性、激励力度、激励透明性、贡献与收入匹配性、在市场上的竞争性等。

5. 归属感

企业效益好的时候，自己是功臣、贡献者；企业效益不好了，自己又年老力衰，成为负担，被企业淘汰。这样的企业让员工没有归属感，自然老员工怨恨，年富力强的员工则早早规划出路，离开公司，企业加速衰退将是必然。

15.2 管理人员分层分类管理——纵分职层横分职类

管理人员的分类要从纵向和横向两个维度来划分。纵向按管理角色从上到下分为决策层、管理层、执行层、操作层等不同层级；横向按管理职类分为财务类、法务类、人力类、党群类、研发类、制造类、营销类等不同职类。

1. 纵向按管理角色分层

表 15-1　纵向管理角色分层表

管理角色分层	职责定位	对应人员
决策层	……	董事会成员
管理层	……	经理层人员
执行层	……	部门层人员
操作层	……	科室层人员

2. 横向按职类进行分类

表 15-2　横向职类分类表

层次＼职类	职类分类						
决策层	董事会成员						
管理层	总经理						
管理层	副总经理	副总经理		副总经理		副总经理	
执行层	财务类	法务类	人力类	党群类	研发类	制造类	营销类
执行层	部门经理	部门经理	部门经理	部门经理	部门经理	部门经理	部门经理
执行层	部门副经理	部门副经理	部门副经理	部门副经理	部门副经理	部门副经理	部门副经理
操作层	主管	主管	主管	主管	主管	主管	主管
操作层	助理	助理	助理	助理	助理	助理	助理

15.3　管理人员培养发展路径——双通道多层级发展

管理人员职业发展路径一般包括两种。一种为行政管理路径，在具备专业能力基础上重点是管理能力的发展；另一种为专业技能发展路径，侧重于专业能力培养和发展。

15.3.1 管理人员的能力素质

1. 管理人员的能力素质

管理人员的能力素质一般由以下几个要素构成，分别为基本素质、核心价值观、领导力、专业能力、绩效等，每一个要素还有相应的子要素。具体可参考第二章图 2-6 任职资格能力标准图。

2. 领导力素质模型介绍

领导力素质模型是为了完成某项工作，达成某一绩效目标，要求领导者必须具备的一系列不同素质的组合。素质模型是针对特定的组织，在特定的时期内而设计的。不同的公司，不同的发展阶段，不同的业务模式，对领导者的能力素质要求也是不相同的。

案例 15.1：A 公司领导力素质模型

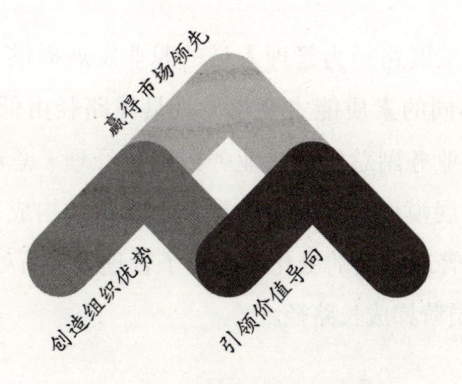

图 15-1 领导力素质模型

"创造组织优势"及"引领价值导向"置于图形底部，分别代表企业内部硬性能力和软性能力，是企业生存及发展的根基。

"赢得市场领先"置于图形顶部，是企业努力的方向，是企业的战略目标。

"赢得市场领先"是企业持续"创造组织优势"及"引领价值导向"的动力，而"创造组织优势"及"引领价值导向"为"赢得市场领先"源源不断地提供能量和支持。

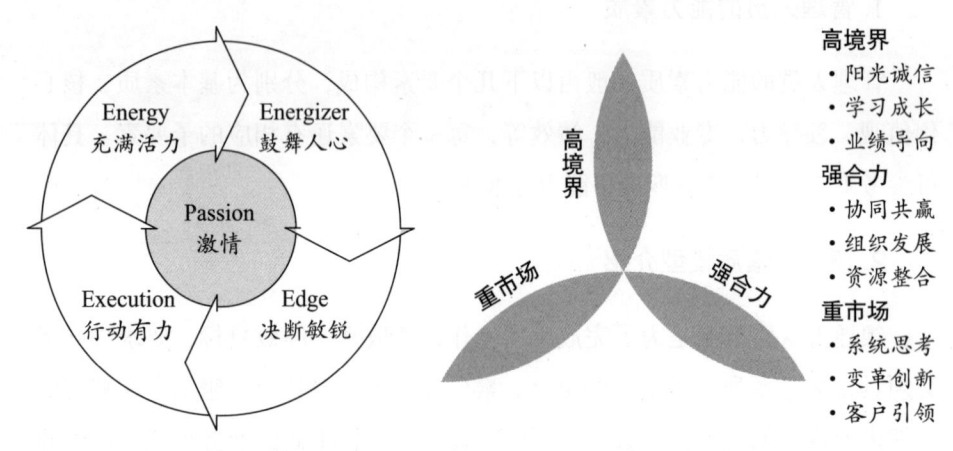

图15-2　B公司领导力素质模型　　图15-3　C公司领导力素质模型

15.3.2　管理人员阶梯发展路径

管理人员阶梯发展路径为管理人员的职业发展提供了发展方向，阶梯式发展路径对应不同的素质能力要求，其具体路径由低到高共分为助理、主管、部门经理、业务副总经理、业务群副总经理、总经理六级，以此形成管理人员阶梯发展模型。其模型由数条上升折线构成，每一个折线点都代表了各自职责、管理层级的变化，代表了管理人员所处的管理角色。

以下是管理人员阶梯成长路径。

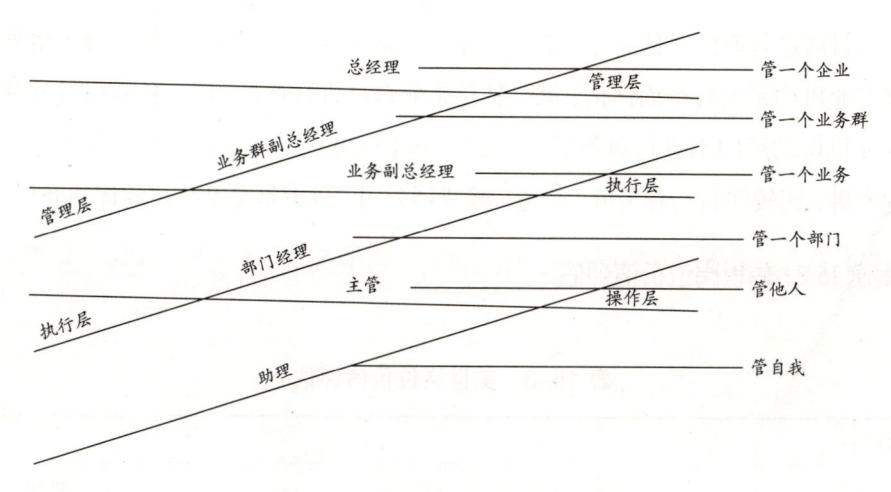

图 15-4　管理人员阶梯成长路径

15.4　管理人员职位价值评估——评估技法绘制图谱

梳理管理人员的职位架构体系后会发现，由于各职位承担的业务要素、所需的能力素质不同，其创造的价值也是不相同的，所以若简单按层次付薪激励肯定是不科学的。如何来体现职位价值的差异呢？可以用职位价值评估的方法来解决。图 15-5 是某公司职位价值评估前后的示例。

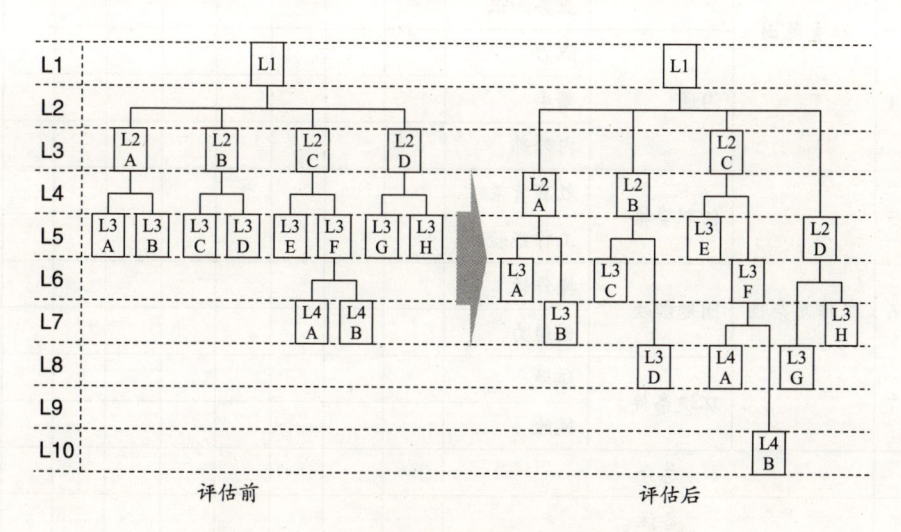

图 15-5　某公司职位价值评估前后对比图

目前进行职位评估的方式方法有很多，从方式上讲有 3 种：第一种是请外部专业机构来进行全面评估；第二种是企业自己进行评估；第三种是引进外部专业机构的顾问来进行典型职位评估，企业再进行其他职位评估。从专业机构来讲，比较知名的有美世、合益、翰威特公司，以下是美世公司的评估介绍。

案例 15.2：美世岗位价值评估

表 15-3　美世岗位价值评估

部门：				岗位 A		岗位 B		岗位 C		岗位……	
		岗位名称									
		因素		程度	点数	程度	点数	程度	点数	程度	点数
1	职责大小	组织的影响	组织规模								
			影响力								
2		管理	下属种类								
			下属人数								
3	职责范围	职责范围	工作多样性								
			工作独立性								
			业务知识								
4		沟通	能力								
			频率								
			内外部								
5	工作复杂性	任职资格	教育背景								
			工作经验								
6		问题解决	操作性								
			创造力								
7		环境条件	环境								
			风险								
		总分									
		备注									

15.5 管理人员薪酬激励设计——职价定标绩效定果

15.5.1 管理人员薪酬设计定位

薪酬设计定位需根据企业战略定位、业务模式、竞争力水平等来设计。对企业持续发展而言，拥有一流的人才是保证，而具备竞争力的薪酬是保障。在进行薪酬设计前先要明确薪酬的定位，这样才能对不同类别的人员设计好薪酬定位。

表 15-4　不同人员薪酬设计定位

人员层级 薪酬定位	高管 总监	关键核心人员 高级经理、经理、五级及四级工程师	一般人员 主管、三级工程师及以下人员
绝对竞争力	• 长期激励为导向 • 竞争力原则 • 90 分位	• 短期激励 + 长期激励 • 短期激励为主，辅以长期激励 • 高于属地同类人员 • 75 分位	• 短期激励为主，辅以长期激励 • 略高于属地同类人员 • 55 分位
相对竞争力	• 短期激励 + 长期激励 • 75 分位	• 短期激励为主 • 略高于属地同类人员 • 55 分位	• 短期激励为主 • 略低于属地同类人员 • 50 分位
一般竞争力	• 短期激励 + 长期激励 • 50 分位	• 短期激励为主 • 略低于属地同类人员 • 50 分位	• 原则上无长期激励 • 明显低于属地同类人员 • 45 分位

15.5.2 管理人员薪酬水平设计

薪酬设计的定位确定后，进入薪酬水平的设计阶段。由于不同企业所处阶段以及盈利能力不同，其薪酬水平定位自然不同。同时，企业内部因不同人员层级、岗位价值、能力素质不同，其薪酬水平也应有差异。表 15-5 是薪酬水平设计管理逻辑表。

表 15-5 薪酬水平设计管理逻辑表

企业	人员层级	调研企业平均水平			本企业水平	差异			设计定位及水平			
		下限	中值	上限		下限	中值	上限	整体策略	25分位	50分位	75分位	90分位
企业A	高管								绝对竞争力				
	关键核心人员								相对竞争力				
	一般人员								一般竞争力				
企业B	高管								相对竞争力				
	关键核心人员								一般竞争力				
	一般人员								一般竞争力				
……													

设计好不同层次人员整体薪酬水平后，还需按职位价值评估结果进行职位薪酬设计，具体如表 15-6 与表 15-7 所示：

表 15-6 不同职位薪酬设计表

薪级	薪酬水平			职位薪酬分布			
	下限	中值	上限				
S1				研发部长			
S2					营销部长		
S3						制造部长	财务部长	人力部长
……							

表 15-7 基于职位能力要素的薪酬带宽设计表

薪级	月度工资（元）	年度收入（元）	S1 研发部	S2 营销部	S3 制造部	S4 财务部 人力部
50	××	××××				
49	××	××××				
48	××	××××				
47	××	××××				
46	××	××××				
45	××	××××				
44	××	××××				
43	××	××××				
42	××	××××				
41	××	××××				

15.5.3 管理人员薪酬结构设计

在进行市场薪酬结构调研评估和内部薪酬结构评估的基础上，再进行激励模式设计、薪酬结构设计及薪酬绩效激励设计等。

1. 企业常见薪酬结构项目

薪酬结构一般包括固定薪酬及变动薪酬。

固定薪酬包括月度工资和补贴。月度工资以岗位价值为基础，只与员工的考勤情况相关，不受企业经营情况的影响；补贴是企业为提高员工的生活标准而发放的各种补助。

变动薪酬包括当期变动薪酬和长期变动薪酬。当期变动薪酬是以月度、季度或年度为考核周期，将员工的薪酬与企业绩效挂钩的一种薪酬激励模式。长期变动薪酬包括股权、期权等，是企业为了激励经营管理者与员工共同努力而设，使其能够稳定地在企业中长期工作并着眼于企业的长期效益，以实现企业的长期发展目标。

薪酬结构项目的作用各有侧重。固定薪酬是员工生活的基本保障，对员工的吸引力最强；当期变动薪酬与员工的努力和业绩密切相关，对员工的激励效果最强；长期激励与企业的长期发展强相关，企业长期发展越好，员工收益越大，因此对员工的保留效果最强。

薪酬结构的设计应结合企业的具体情况，考虑哪些项目是重点，哪些项目要弱化，甚至不设计。

案例15.3：调研企业薪酬结构情况表

表 15-8　调研企业薪酬结构情况表

企业	固定薪酬								变动薪酬			
	月度工资			补贴				当期变动薪酬			长期变动薪酬	
	岗位工资	绩效工资	职务津贴	餐补	交通补贴	住房补贴	通讯补贴	补充津贴	月度、季度、半年度奖金	年终奖	项目奖	专项激励	股权	期权
企业A	√	√	√	√	√	√				√			√	
企业B	√	√				√	√		√	√				
企业C	√	√	√	√	√	√						√		√
企业D		√	√		√	√	√		√	√	√			

2. 薪酬的固浮比设计

薪酬的固浮比是指薪酬的固定部分与浮动部分的比例。其中，薪酬固定部分主要是指基本工资与补贴之和，而浮动部分主要是指绩效工资和奖金等。

（1）薪酬固浮比的常见模式

①高弹性模式（低固定+高浮动）

在这种模式下，企业的薪酬支付压力最小，企业将压力传递给员工，员工如果不努力做出业绩，就只能拿到很低的薪酬。

②调和性模式（中固定+中浮动）

在这种模式下，企业给的薪酬不高也不低。

③高稳定性模式（高固定＋低浮动）

企业给予较高的固定薪酬和较低的变动薪酬。

（2）薪酬固浮比模式占比分配

三种薪酬固浮比模式中固定薪酬和浮动薪酬所占比例如表15-9所示：

表15-9 三种模式中固定薪酬和浮动薪酬比例分配表

薪酬弹性模式	高弹性模式	调和性模式	高稳定性模式
固定薪酬	0%—60%	60%—80%	80%—100%
浮动薪酬	40%—100%	20%—40%	0%—20%

（3）薪酬固浮比模式具体特征

三种薪酬弹性模式具体特征如下表所示：

表15-10 三种薪酬固浮比模式具体特征

薪酬弹性模式	高弹性模式	调和性模式	高稳定性模式
与业绩挂钩程度	强	中	弱
激励效应	强	中	弱
员工主动性	强	中	弱
员工压力	大	中	小
员工忠诚度	弱	中	强
员工流动率	大	中	小

（4）薪酬固浮比模式优缺点及适用情况

三种薪酬固浮比模式的优缺点以及适用的情况如下表所示：

表15-11 三种薪酬固浮比模式优缺点及适用情况

薪酬弹性模式	高弹性模式	调和性模式	高稳定性模式
优点	企业的薪酬支付压力较小，能缓解企业人工成本支出的压力	员工的薪酬比较稳健，避免了固定薪酬过低的弊端，也避免了浮动薪酬过低的弊端	员工的薪酬有较大的保障性，在招聘员工方面有较强的吸引力

续表

薪酬弹性模式	高弹性模式	调和性模式	高稳定性模式
缺点	薪酬对员工的吸引力不够，很难招到优秀员工	薪酬的吸引力和激励性都不是很强	薪酬的激励性不是很大，容易导致员工不关注业绩的好坏
适用情况	企业处于初创期，实力不强的企业或者有资金压力的企业	企业处于成长期，企业实力比初创期有了一定的提升，企业的资金压力有所缓解，能够适度调动员工的积极性	企业处于成熟期，并且在市场上有很强的品牌效应，企业的业绩增长不再取决于员工个体的努力，更多的是依靠企业的品牌、企业内部的管理机制

（5）薪酬固浮比设计的影响因素

薪酬固浮比设计的影响因素及各因素具体内容如下表所示：

表 15-12　薪酬固浮比设计的影响因素及各因素具体内容

影响因素	具体内容
管理层级	职位越高，其工作业绩对组织的影响越大，固定工资比例越低
工作性质	工作结果显现直接、评判标准简单的，固定工资的比例低
企业战略	企业的不同发展时期，其固浮比的设计也不同，比如在初创期固定工资的占比不会很高，鼓励员工提高绩效，所以浮动的比例会较大
企业文化	企业如果注重团队，固定工资的占比会比较高；如果注重个人，固定工资的占比会比较低等

15.6　管理人员薪酬绩效激励——绩效考核二次分配

15.6.1　管理人员绩效管理体系

绩效管理的价值主要是推动员工完成目标，不断创造价值，激发活力。

企业建立科学的绩效管理体系，对企业战略的实现至关重要，通过绩效管理让管理人员对战略→业务→目标进行有效承接，以绩效管理体系 PDCA 循环［Plan（计划）→ Do（执行）→ Check（检查）→ Act（处理）］保障业务绩效目标层层落地，推动公司整体管理效率与绩效的不断提升。

绩效管理的过程本质上是企业战略执行的过程，通过战略承接目标，自上而下分解，闭环管理机制，促进绩效改进提升。以下为绩效管理逻辑图：

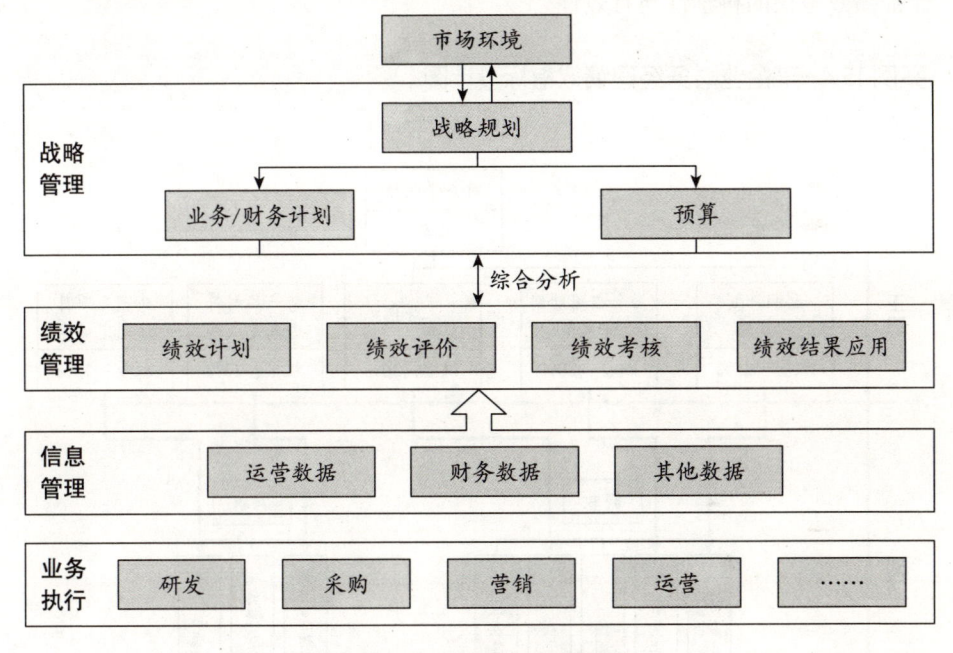

图 15-6　绩效管理逻辑图

15.6.2　管理人员绩效指标设计

管理人员绩效指标应按照以下思路来设计，具体如下：

（1）指标要层层承接。由公司战略规划与业务目标层层向下分解，到组织绩效、再到个人绩效，这样才能保证全公司上下统一一个声音、一个战略方向。

（2）指标设计要抓关键、少而精。在指标设计时，重点抓与公司战略强相关的关键绩效指标，不要面面俱到，原则上每个职位设置 3—5 个指标，最多不超过 7 个，且单个指标权重不低于 10%。

（3）指标量化可衡量：定量指标有具体数据，可用公式计算。定性指标的目标值则有明确的节点或标准，可以给出清晰判断，必要时提供举证材料。

（4）指标目标可实现：绩效指标与岗位职责相匹配，通过自身努力对结果产生影响，且绩效目标可达成。

（5）动态管理：当业务重点、职位、职责发生重大变化时，指标要动态调整。

（6）数据真实可靠：绩效指标数据来源最好由第三方提供或系统取数，以保证绩效考核的科学性与有效性。

案例15.4：某企业财务经理绩效指标设计图

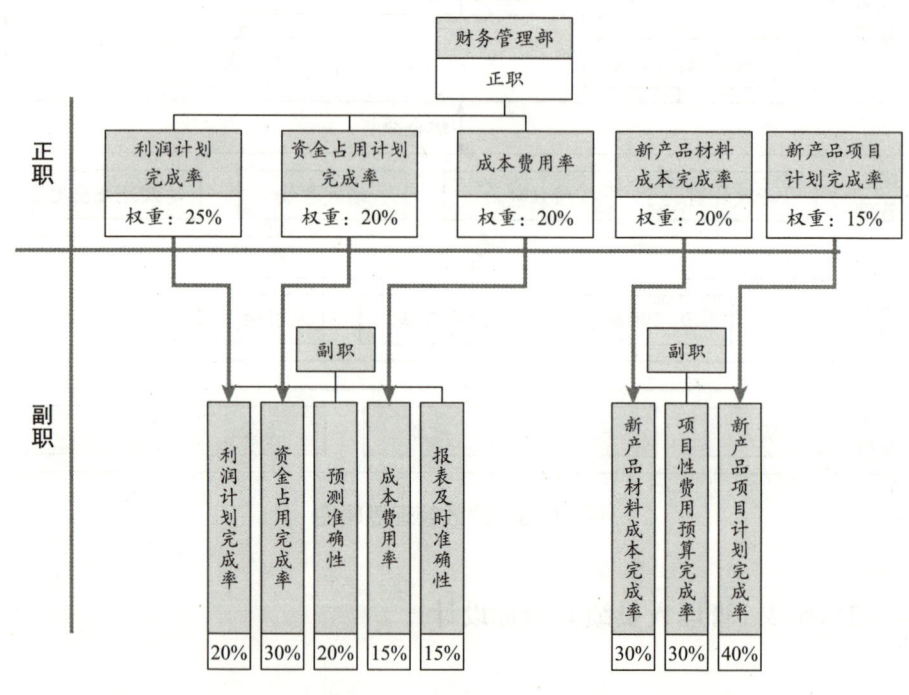

图15-7 绩效指标设计图

15.6.3 管理人员绩效薪酬激励

1. 绩效调薪

根据员工的年度绩效评价结果对绩优员工进行高于平均值的加薪，对于一般员工进行平均值以下的加薪或者不加薪，对业绩差的员工进行降薪。通过薪酬激励员工不断提升绩效，从优秀到卓越。

2. 奖金分配

以员工奖金标准作为基数，以员工年度绩效评价结果确定奖金系数，进行奖金分配，与员工共享组织目标达成的红利，牵引激励员工不断提升个人绩效以实现组织的中长期目标。

3. 月度绩效工资激励

根据员工月度/季度绩效等级，对应绩效系数进行月度工资的发放，具体对应比例见表15-13。

个人绩效等级对应的绩效工资兑现系数可根据自身情况制定，但绩效系数应以等级B，兑现系数为1形成对称：m>n>0。

表15-13 绩效对应系数表

绩效分数	绩效分数≥120	100≤绩效分数<120	80≤绩效分数<100	60≤绩效分数<80	绩效分数<60
绩效等级	S	A	B	C	D
兑现系数	1+m	1+n	1	1−n	≤1−m

15.7 管理人员激励保障措施——构建激励保障生态

1. 企业要树立战略与人才双驱动的经营人才理念，建立尊重人才、爱护人才、激励人才的人才至上文化，为人才构建适宜发展与保留的生态环境。

2. 眼睛既要向内又要向外，不要仅"看到别人的媳妇好"，不去好好地经营自己的人才，企业必须建立起自己的人才发展体系，系统性地培养人才，同时要时刻关注内部人才的动态，及时采取措施留住人才。

3. 定期的薪酬评估机制。让薪酬政策时刻保持竞争力，与自己的企业战略、激励策略相匹配。

4.调薪有规则,具体按以下几个方面来进行:

(1)整体审视调薪政策,对企业薪酬政策进行整体审视以确定调薪依据。

(2)年度绩效考核调薪,根据年度绩效进行调薪。

(3)岗位变动调薪,根据岗位变动情况,包含职位晋升、职位降低、平行调动等,进行相应薪酬调整。

(4)其他特殊情况调薪。

5.有原则,敢于向低价值的人下手,对他们进行调岗、降级、降薪,让薪酬真正成为激励利器,而不仅仅是一种保障。

6.用好绩效评价管理,让创造价值的人员真正获得高收入。

第十六章

海外人员薪酬激励管理
——绩效+差异保障薪酬激励

16.1　海外人员关注的激励——从三个维度来关注

1. 整体薪酬水平富有竞争力

在异国他乡工作，外派人员要远离家庭、在另一个不熟悉的环境里拼搏，如果没有额外的薪酬激励作为补充，外派人员便不会愿意接受外派。所以，为激起员工外派的兴趣和愿望，让其愿意接受外派工作，必须单独制定外派人员的工资体系。

2. 福利设置人性化鼓励常驻

外派人员海外工作这一特点，对福利体系设计提出了特殊要求。出台针对性的福利项目，方能有效平衡驻外员工家庭与工作矛盾，同时保证其在当地工作的便利性和安全性。

3. 职位体系设置向外派员工倾斜

除了薪酬激励，外派人员对自己在海外工作多年之后的职业发展会有更高的预期。针对外派人员设置相对倾斜性的职位体系，岗位晋升机制以及轮岗培养机制向外派人员倾斜是外派激励的关键。

16.2　海外业务的管理模式——分阶段分模式管理

近年来，随着中国经济的发展，海外中资企业的身影越来越多，如华为、企业高管是企业的关键核心人才，是企业战略、业务规划及目标的制定者，是企业经营目标的实现者，他们直接领导着企业持续健康的发展。因此，如何建好这支团队，建立怎样的激励机制去"铐住"这些人员，一直是业内共同探讨的问题。这些问题主要聚焦在以下几个方面：企业如何"选、用、育、留"这些人、内部培养的模式怎么样、外部招聘高管如何尽快融入企业、如何构建有竞争力有激励的薪酬政策、如何进行当期和长期激励。本章节将针对以上问题进行详细分析。

17.1　高管人员内部发展模式——内培外招双管齐下

由于企业对高层管理人员能力、经历等要求高，而内部培养存在周期长、风险大等问题，加上企业管理转型、业务拓展等，内部培养的人才往往满足不了用人的需要。因此，企业为发展也会通过外招途径来解决高管人才队伍建设问题，即高管"空降"模式。两种模式的优缺点见表17-1。

表 17-1　两种高管人员发展模式的优缺点

模式	优点	缺点
内部培养模式	1. 文化认同度高，对企业忠诚 2. 对企业的战略目标理解清晰，易于持续推进 3. 对组织和员工、经营环境熟悉，无须增加融入环境的周期 4. 为优秀员工创造了晋升机会，利于内部人才的激励 5. 成本低，不会产生招聘成本及招聘岗位人员和内部人才的差异成本，以及因招聘失败而产生的直接和间接成本	1. 易引发因得不到提拔而带来新的矛盾 2. 内部晋升因个人能力不能满足发展要求，影响企业的持续快速发展 3. 无"新鲜血液"注入，易带来内部组织管理封闭，创新变革能力减弱

第十七章
高管人员薪酬激励管理
——留住核心人才的"金手铐"

- 派遣员工及其家庭在文化、环境上的再适应。
- 在派遣过程中派遣员工专业知识的缺失。

4. 其他

除以上因素外，外派人员薪酬管理还会涉及全球薪酬体系搭建、属地工资发放、外派医疗保险、个税支持、社保以及后续属地运营后的本土化管理等方面。有需求就有市场，此类项目在目前行业内有相应的第三方供应商能提供相对完善的解决方案，如美世等专业类供应商。

- 外派前的语言及属地文化培训。
- 外派中的政策支持及精神慰问。
- 外派心理问题疏导。
- 外派人员职业发展加速。
- 外派回司表彰及榜样宣传等。

2. 家属支持

有一个稳固的大后方、能得到家人的全力支持无疑是海外人员的强心剂，因此在最初的薪酬设计中必然有针对家属方面的政策及措施，如探亲假期、家属探望旅行、协助解决家属就业及子女入学、父母重大疾病商业保险等。值得特别提出的是，部分企业会向员工家属着重宣传外派的荣誉感，同时也在外派安全上进行保障措施宣传，降低家人对于外派危险性的顾虑。

3. 当期与长期平衡

用当期3年的艰苦派驻去换取后续10年更快的晋升发展还是放弃外派选择维护好本土资源？这是很多人员外派前所思考的问题。毕竟中国人的传统思想是落叶归根，外派后最终选择留在派驻国的少之又少，除了本身处于华人生活圈的东南亚或者经济相对发达的北美、澳大利亚等地，绝大多数的外派人员最终还是会回到国内。对于外派人员而言，选择国内外确实存在一定的差异，以往在国外积累的客户关系、人脉资源并不一定能同步转移到国内，而在国内的资源由于外派的原因早已断档或者缺失。而对企业而言，做好外派及回派管理尤为重要。前期美世的调研显示，外派人员满意度调查及回派后的职业生涯规划是最主要的保障措施。除此之外，还可能涉及以下课题：

- 外派投资回报率核定。
- 外派费用管理。
- 如何最大限度地运用派遣员工在海外派遣中学到的技能。
- 明确派遣员工新职位的要求与条件。
- 回派后留任派遣员工。
- 为回派员工安排后续海外派遣计划。

16.6.1 主要难点

海外人员的工作和生活需同时兼顾 4 类平衡因素：物质上的相对充裕和精神上的相对孤寂、工作上的奋进和家庭生活的缺失、当期眼前利益和未来长远利益的均衡以及回国或者派驻的路径和实效选择。

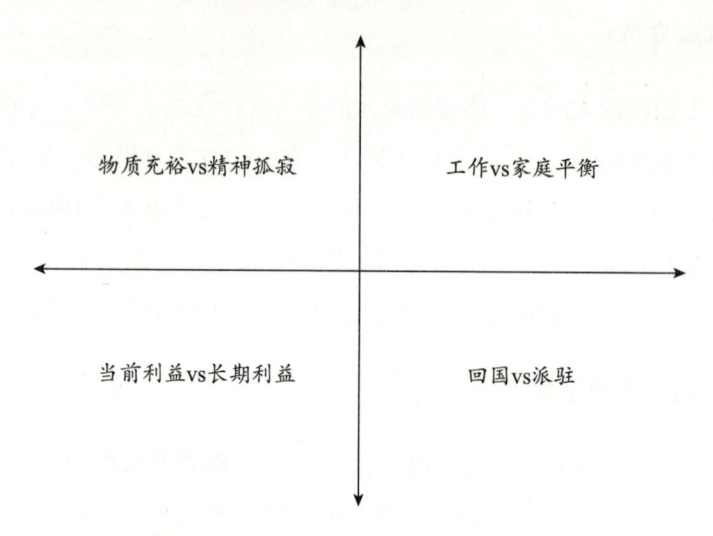

```
       物质充裕vs精神孤寂            工作vs家庭平衡

  ─────────────────────────────────────────▶

       当前利益vs长期利益            回国vs派驻
```

图 16-5　外派人员工作生活四类平衡

16.6.2 激励保障措施

1. 物质保障及精神支持

海外人员长期驻外，不管是在偏远艰苦地区抑或是经济相对发达区域，都摆脱不了背井离乡的孤寂。因此，相较于国内更高的收入水平是刺激员工外派的重要因素。普遍来讲，工作是为了更好地生活，有竞争力的收入一定程度上能在物质上弥补家庭角色的缺失，稳定、充足、公平、合理的薪酬设计是海外人员激励的首要措施。

当然，物质保障仅仅是支柱之一，精神支持也必不可少。从最初的海外蓝图描绘、职业远景规划，到中期外派政策引导及支持，再到后续回国后的表彰激励等，都是精神支持的重要内容，具体包括：

7. 驻外假

员工外派期间一般以所在国家规定的节假日休息时间休假。员工回国后，为了让员工有充足的时间与家人团聚，公司一般给予员工一段时间的带薪休假，带薪休假时间长短与员工的驻外周期相关：

表 16–6 外派人员带薪休假时长

单次驻外周期	带薪休假时间
1 个月	1 天
2 个月	3 天
3 个月	7 天
4 个月	10 天
5 个月	14 天
>5 个月	每满 1 个月增加 2 天假期

8. 驻外租房

为保障外派员工在国外有稳定的居住场所，公司一般通过集中租赁或租房补贴两种形式为员工提供住房。在安全稳定的国家，公司一般通过提供租房补贴的形式保障员工有充分的住房选择自由；在一些动荡和不安全因素较多的国家，公司一般通过集中租赁的方式为员工提供安全的居住环境。

16.6　薪酬激励的保障措施——构建激励保障生态

海外人员的薪酬管理并非单一模块独立运行，而是多因素、多方式的综合体，共同构成保障激励的生态环境，以保证外派人员在驻外环境中自由畅快地"呼吸"。

外综合及紧急救援保险，保费额度一般在 50 万—200 万元。员工一旦在海外发生意外事故或财产损失，可通过投保的保险公司授权的境外紧急救援机构获得紧急援助或财产索赔。境外综合及紧急救援保险的保障项目主要包括境外意外伤害保险责任、境外住院医疗保险责任、境外紧急救援保险责任、境外个人旅行不便保险、境外旅行法律责任保险、境外紧急门诊医疗保险等，具体如表 16-5 所示。

表 16-5　境外综合及紧急救援保险保障项目

保障项目	保额（元）
境外意外伤害保险责任	2000000
境外住院医疗保险责任	
境外住院医疗费用	500000
家属陪同住院	3000
境外紧急救援保险责任	
紧急药物和医疗用品的递送费用	10000
紧急医疗转送	1000000
转送回国	1000000
亲属探病（6000 元/次）	20000
协助送回未满 12 周岁儿童	20000
休养期的饭店住宿（6000 元/次）	20000
遗体或骨灰运送回国和安葬（灵柩费以 10000 元为限）	100000
境外个人旅行不便保险	
行李延误（300 元/次）	1200
行李遗失（1000 元/次）	4000
旅游延误保险（800 元/次）	4800
旅游证件重置费用保险（1000 元/次）	4000
境外旅行法律责任保险	
旅行法律责任保险	400000
境外紧急门诊医疗保险	
境外紧急门诊医疗保险	20000

外派人员家属补助标准。

表16-3 ××企业外派人员家属补助标准

岗位		补贴标准
属地事业部	国家销售公司	
总经理	国家销售公司经理	A5
副总经理、市场总监	国家销售公司副经理	A4
部长、市场副总监	部长、市场副总监	A3
科长、代表处经理	科长、代表处经理	A2
其他人员	其他人员	A1

4.往返机票

公司承担驻外人员因公外派乘坐飞机发生的合理费用。一般企业会对个人机票费用预算使用权作出明确规定，如规定公司可以承担个人全年3次往返机票费用，预算金额及使用权由个人及本单位主管领导确定，超支费用自理，结余部分按金额的40%奖励个人。

5.巡回费

巡回费是指外派人员因公外出需要在境内外发生的交通、通话、住宿等的费用支出。巡回费标准一般与外派人员的职务、岗位属性和外派区域直接相关。

表16-4 ××企业外派人员巡回费标准

职务	岗位属性	标准	
		非艰苦区域	艰苦区域
市场总监	——	A7	A8
市场副总监	——	A5	A6
销售经理/客户经理	销售作业	A3	A4
服务经理	销售支持	A1	A2

6.境外综合及紧急救援保险

为了保障外派员工在境外的生命财产安全，一般企业会为员工购买境

续表

国家类别	亚太	中东	非洲	中南美洲	欧洲	北美洲	补助标准	核算系数			核算公式
								单次<30天	30天≤单次<60天	单次≥60天	
2类	柬埔寨、印度、斯里兰卡	埃及、伊朗、伊拉克	毛里求斯	巴西、智利、哥伦比亚、秘鲁、委内瑞拉	哈萨克斯坦、乌兹别克	墨西哥	A2美元/天				
1类	澳大利亚、新西兰、港澳台、马来西亚、菲律宾、泰国、印尼、越南	沙特、阿联酋		阿根廷	波兰、斯洛伐克、捷克、德国		A1美元/天				

3. 家属补助与机票奖励

家属补助主要指为外派人员外派期间携带配偶、子女、父母而发放的特殊津贴。此举主要目的在于为外派员工缓解家庭压力，使外派政策更加人性化。家属补助发放一般需满足一定的时间要求，如某企业规定：自家属出境之日起算，入境之日起止，不满1个月的不发放；陪同第2个月以后，不满1个月的按天数比例核算发放。

针对符合条件员工携带家属前往驻地，公司除发放家属补助，一般还承担家属的往返机票费用、签证办理费用和体检等相关费用；针对驻外期间未携带家属的外派员工，公司一般发放单次往返机票费作为奖励。

驻外人员家属补助标准一般与外派人员职务挂钩，表16-3为××企业

2. 艰苦补助

艰苦补助指外派人员在驻外期间发放的特殊津贴。艰苦补助标准一般根据各国的收入水平、物价水平、市场情况、社会治安状况、地理位置、气候环境等因素对不同外派国家设置不同的标准。艰苦补助设置的目的在于用薪酬激励外派人员前往艰苦国家工作。

表16-2　××企业外派人员驻外补助核算表

国家类别	亚太	中东	非洲	中南美洲	欧洲	北美洲	补助标准	核算系数 单次<30天	核算系数 30天≤单次<60天	核算系数 单次≥60天	核算公式
5类			刚果金、尼日利亚、塞内加尔			A5美元/天					常驻补助核算=补助标准×单次驻外天数×比例×汇率
4类	孟加拉国、蒙古、也门	阿富汗、巴勒斯坦	安哥拉、埃塞俄比亚	古巴、玻利维亚			A4美元/天	0	0.8	1	
3类	缅甸、尼泊尔	巴基斯坦、叙利亚	南非、肯尼亚、坦桑尼亚、莫桑比克、阿尔及利亚	乌拉圭、巴拉圭、圭亚那	俄罗斯、乌克兰、塔吉克斯坦		A3美元/天				

表 16-1　××企业外派人员驻外激励核算表

主体	岗位/级别	周期驻外核算					年度驻外核算				
^	^	标准（美元/天）	周标准天数（天）	核算系数			核算公式	标准（美元/天）	年度标准天数（天）	核算系数		核算公式
^	^	^	^	单次<40天	40天≤单次<60天	单次≥60天	^	^	^	（实际/标准天数）<70%	（实际/标准天数）≥70%	^
地区部、市场	地区部总经理/市场总监	A1	如90天	0	按比例发放	1	周期驻外激励=发放标准×周期驻外天数×系数×汇率	B1	如270天	0	按比例发放	年度驻外激励=发放标准×年度驻外天数×系数×汇率
^	市场副总监	A2	^	^	^	^	^	B2	^	^	^	^
^	代表处经理/其他人员	A3	^	0	按比例发放	1	^	B3	^	0	按比例发放	^
^	代表处副经理/其他人员	A4	^	^	^	^	^	B4	^	^	^	^

16.5.2 薪酬架构内容

与国内人员相比，除去正常的岗位工资、年终奖金等项目外，海外人员最显著的特点在于派驻性补贴。

企业需根据实际情况进行设计，各项目水平/额度依据派驻国经济/艰苦水平波动，充分体现区域特殊性，尤其是需要从政策水平上引导人员向需重点开发的艰苦区域流动。

外派人员薪酬构成：
- 岗位工资
- 年度奖金
- 派驻性补贴
  - 驻外激励
  - 艰苦补助
  - 家属补助与机票奖励
  - 往返机票
  - 巡回费
  - 境外综合及紧急救援保险
  - 驻外假
  - 驻外租房

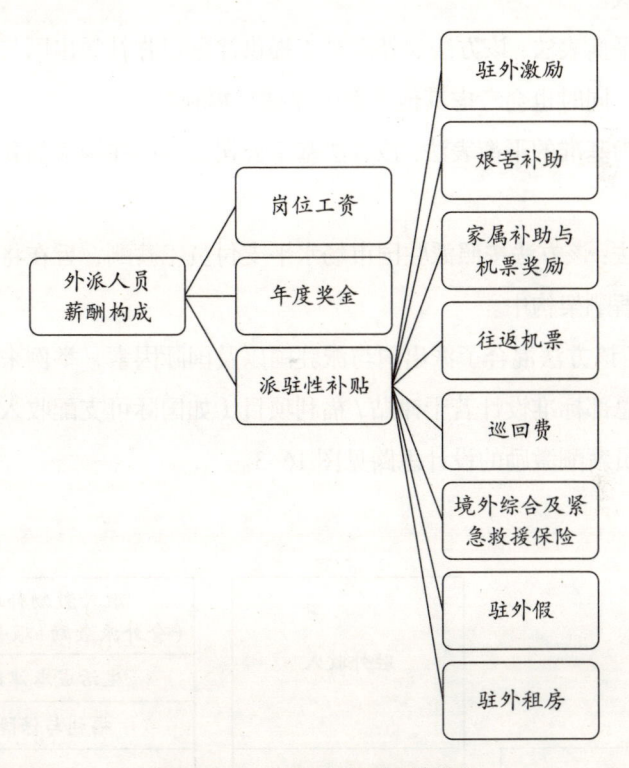

图 16-4　外派人员薪酬构成

1. 驻外激励

驻外激励主要指为鼓励人员外派而发放的驻外期间的激励性补贴。驻外激励一般包括周期驻外激励和年度驻外激励。周期驻外激励以季度作为一个激励核算周期，而年度驻外激励一般要求外派人员达到一定的驻外天数才会予以发放。

16.5 海外人员的激励模式——绩效保障组合激励

16.5.1 海外人员的薪酬设计思路

历年美世对主要中资企业外派实践的访谈显示，海外人员的薪酬管理可采用多种方式。

派出国平衡表法：该方法向外派员工提供津贴以弥补派出国与派驻国生活成本的差异，同时也会考虑其他类型的津贴与福利。

以总部为基准的平衡表法：该方法基于公司总部所在国家的薪酬结构进行设计。

派驻国法：该方法按照派驻国市场水平支付员工薪酬，旨在将外派员工整合入派驻国薪酬架构中。

混合法：该方法混合了派出国与派驻国以及国际因素，举例来说，可通过使用国际或总部标准设计若干津贴/福利项目（如国际可支配收入）。

海外人员薪酬激励的设计思路见图 16-3。

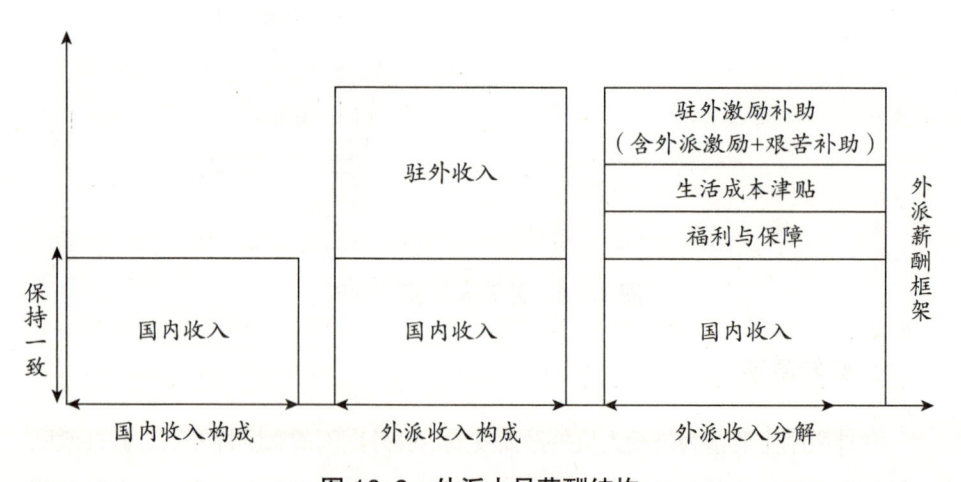

图 16-3 外派人员薪酬结构

有国际化视野的外派人才团队。外派人员的培养和储备至关重要。

为保障海外人才的持续输送，公司需定期选拔和培养外派人员。选拔对象可以是应届校园人才，也可以是在岗工作3—5年的员工，考核要素主要包括适应能力、性格、外语、专业能力等，以建立外派人才储备库。

针对外派人员一般开展外派前培训、外派中培训和回任后培训，以保证外派人员提前了解目的国文化及相关必备知识，快速进入海外工作状态；外派期间熟悉母公司的政策变化和新产品知识；外派结束回国后迅速适应新岗位。

1. 外派前培训

企业可以通过增加外派人员对派驻国的了解，减少外派人员可能遇到的文化冲击，增强其对公司的使命感，以便顺利开展工作。培训内容主要包括两个部分：一是语言、文化、历史、风土人情、宗教禁忌、政治经济等东道国状况；二是公司的海外战略、海外公司的创建背景、业务情况、管理情况等。

2. 外派中培训

外派人员一般单次驻外3—6个月，其在回国停留期间公司会统一安排回国述职和培训，也可根据业务需要在属地安排述职和培训。述职和培训的目的主要是检验外派期间工作进展情况、海外工作能力提高情况、对公司新政策制度的掌握情况。

3. 回任后培训

为帮助外派人员克服回国后可能遭遇的文化反冲击以及提升归国后所需的新工作能力等，应为之提供相应的回任后培训，帮助其顺利进入新的岗位角色。针对外派期限3年以上的员工主要通过公司发展及文化介绍、公司规章制度普及、业务情况以及职业生涯规划讲解等方式进行培训。

表处的非属地运营市场。此派遣模式允许外派人员在结束一个周期的外派后，可以回国工作、休假和培训。目前，许多企业实行的"3+1""5+1"等外派管理模式，就是短期派遣的例证。此模式使外派人员在工作的同时兼顾家庭等因素，是比较人性化的外派模式，也是海外业务开发过程中比较普遍的模式。

3. 商务出差

以商务为主要目的，离开自己的常驻地到海外所进行的商务活动。此外派模式主要针对非核心贸易市场，根据业务需要开展项目性作业。此模式对员工的家庭压力挑战较小，一般出差主要针对项目工作，项目工作结束，外派也即结束。

4. 第三国派遣

在外派人员中有两种类型，一种是母国人员，即来自跨国公司总部所在国的公民；另一种是第三国人员，即来自母国和东道国之外第三国的公民，如一家中国车企派到英国分部工作的美国公民。第三国派遣模式要求第三国人员认同母国公司文化并适应外派国家文化差异，因此对跨国公司的人员甄选、培训机制带来较大的挑战。

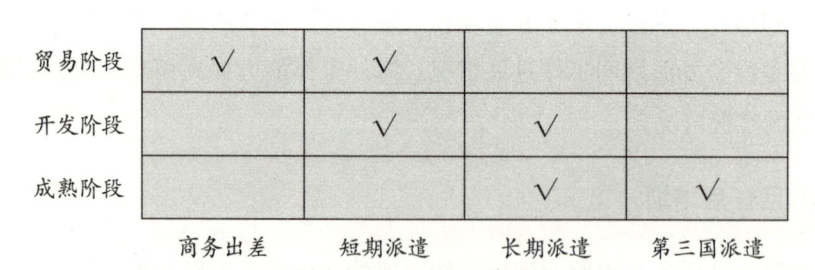

	商务出差	短期派遣	长期派遣	第三国派遣
贸易阶段	√	√		
开发阶段		√	√	
成熟阶段			√	√

图 16-2　不同业务模式对应外派模式

16.4　海外人员的发展模式——三种培训覆盖培养

对于"走出去"的中国企业，海外市场开拓需要拥有一支能够打仗且具产。颇具代表性的如福田、奇瑞、吉利、长城等进行国际化运营的汽车企业，在属地与各大汽车集团签订经销协议，或者在当地法规基础上实现部分零部件属地国产，减少了大量的海运成本，同时因属地投资及解决就业而享受一定的税收减免。

3. 成熟阶段

属地化运营为海外业务发展的成熟阶段，也是诸多中资企业的最终发展目标。该阶段基本实现了当地研发、采购生产及营销，外派人员大规模缩减，仅留下部分高层管理人员，转而通过属地人员招聘、培训培养、绩效激励来实施属地业务。最具代表性的企业有华为、海尔、中兴等，全球的业务利润规模总和可达到中国区域营业额的数倍。

16.3 海外业务的人员配置——长短期的组合派遣

全球化企业必然带来全球化的人员输出及人员管理。业务影响人员，不同的业务流程配置的人员类型、人员工作重心不一，外派模式也各不相同。根据美世中国企业海外派遣管理最佳实践调研数据显示，当前各企业外派模式主要有以下几种。

1. 长期派遣

较长期的海外派遣，派遣期限通常为1—5年。此派遣模式主要发生在海外业务开发阶段，是针对产业化市场、深度制造及分销的核心市场进行属地化作业，在前台有明确岗位设置的外派形式。此模式一般不允许外派人员在外派过程中回国工作。因此，海外适应力及家庭压力成为影响长期派遣人员完成海外工作任务的主要因素。

2. 短期派遣

短期的、临时的海外派遣，派遣期限通常不超过1年，主要针对设置代海尔、中兴等大型企业,各大汽车集团,诸多小型外贸公司,中资企业已经遍布全球,所涉行业众多,规模各异。中国已逐渐摆脱"世界制造工厂"的帽子,开始深入拓展海外业务,参与全球范围内的国际竞争。

整体而言,海外业务主要分为两种类型。从业务价值链流程来说,包括研发、生产和营销阶段;从开发程度来说,可分为贸易阶段、开发阶段及属地化运营阶段。

流程和阶段成矩阵分布。由于各个企业发展阶段和类型不一,以下模式并非绝对,具体需根据企业特点及战略发展方向决定。

	贸易阶段	开发阶段	成熟阶段
研发			√
制造		√	√
营销	√	√	√

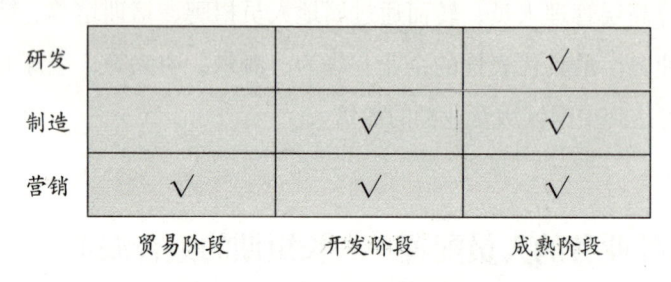

图 16-1　海外业务流程模式

1. 贸易阶段

贸易阶段为海外业务的初期,以纯外贸销售为主,通过散客或参加各种展销会,成一单做一单,规模不限。以沿海大量的中小外贸企业为代表,重点输出轻工日用品,或者依托当地大型中资企业,为其提供相应零部件。如在非洲埃塞俄比亚等区域依托某车企衍生了一批中资零部件个体小企业,该车企的销量带动了零部件的销售,反过来大量零部件个体的存在形成了相当密集的配件网络,一定程度上又推动了该车企的销量,两者互惠互利。

2. 开发阶段

开发阶段为海外业务发展的中期。随着业务的逐渐扩展,慢慢积淀了稳定的客源。为了获取更高利益,企业开始有意识地主动开发渠道,铺垫网络,从贸易阶段进入营销阶段,甚至进一步与当地企业合作,实现部分属地化生

续表

模式	优点	缺点
"空降"模式	1. 能引入优秀的人才充实管理团队，形成"鲇鱼效应"，激活团队活力 2. 能带来新的经营管理思想和技术方法，引导企业创新变革 3. 大大缩短培养周期 4. 通过招聘人才可以形成新的团队	1. 招聘不成功的风险大 2. 管理文化的不融入性风险 3. 忽视内部员工成长 4. 招聘组建团队可能存在"武大郎开店高的不要"现象，使优秀人才进不来

17.2　高管人员薪酬激励模式——短中长期有效组合

由于高管人员与企业的战略目标和经营持续发展存在着直接关联，他们的创新变革能力、经营推进能力、团队的稳定性非常重要。建立有竞争力的薪酬机制，是达成这一目标的关键。这一机制首先是保证其薪酬水平具备充分的竞争力，其次是结构设计要科学。让高管人员收入与企业当期效益和长远发展相挂钩，从而让他们既关注当下，又关注未来。对此，经分析总结，一般企业薪酬激励主要采用以下模式，具体可参考表17-2。

表17-2　高管人员的激励模式

激励架构	具体内容	主要构成
短期薪酬	1年内兑现的激励形式，包含固定薪酬、绩效薪酬等	固定工资、绩效薪酬、超额绩效奖励
中长期激励	1年以上才能兑现的激励形式	3年目标奖励、股权、股票期权等

17.3　短期激励绩效考核案例——绩效年薪超目标奖

在高管的收入结构中，绩效年薪是其收入的重要组成部分。对于高管的绩效年薪该如何进行考核发放，企业有必要建立一套完整的绩效考核体系来解决这个问题，以鼓励高管团队不断创造高绩效，获得高收入。

17.3.1　绩效年薪考核激励

1. 考核周期及权重

某企业采用"3+1"的考核模式，即前3个季度实施季度考核，第4季度与年度合并进行全年考核。在绩效考核权重分配上，前3个季度的考核权重占65%，年度的考核权重占35%。具体绩效奖金权重比例如下：

表 17-3　某企业绩效奖金权重比例分配

考核周期	一季度	二季度	三季度	四季度/全年	合计
权　重	20%	20%	25%	35%	100%

2. 考核内容及权重

该企业高管绩效考核由组织绩效和重点项目考核两部分构成。组织绩效考核占总权重的80%，重点项目考核占总权重的20%。

组织绩效考核指标包含经营绩效指标、投资收益指标、劳动效率指标及专项工作、安全、环保等指标。

重点项目考核中不同职能的高管所对应的项目指标不同。

3. 考核评价及应用

绩效考核总得分即为各项考核指标乘以权重之和。根据得分找出对应考核系数，考核系数乘以绩效奖金标准即为被考核人当期的绩效考核薪酬。绩效考核结果应用主要体现在绩效奖金的发放和岗位调整等方面。得分对应等级和考核系数参见表 17-4。

表 17-4 某企业高管绩效等级及应用

等级	得分	考核系数范围	岗位调整
A（优秀）	100—120	1—1.6	/
B（称职）	80—100	0.6—1	/
C（一般）	60—80	0.3—0.6	连续 2 年 C，变为 D
D（不称职）	<60	0	年度为 D 无条件免职

注：绩效考核系数 × 绩效奖金标准即为高管当期绩效奖金发放额度。

17.3.2 超额绩效奖励案例——超目标激励模式

某企业为鼓励高管人员超额完成任务，除设置与绩效挂钩的绩效薪酬外，还设置了超额绩效奖励对高管团队进行激励。具体是当企业当年度实际完成的经营业绩超过绩效考核目标时，根据超出额度，每超过一定额度相应对其增加一定的奖励。

1. 超额绩效奖励核算规则

该企业经营业绩指标主要包括销售收入、利润等多个指标。每年年初根据年度目标进行设计，他们具体从规模和效益两个维度进行超目标激励。

2. 超额绩效奖励分配管理

次年年初该企业根据业绩考核指标和实际经营结果核算超额绩效奖励总额。

根据奖励总额，同时考虑高管职位承担的职能职责和个人绩效结果大小确定分配系数。

3. 超额绩效奖励发放管理

为了避免高管层短期行为和达到长期激励留人的目的，该企业超额绩效奖励的发放采用当期支付和延期支付相结合的原则，设置当期发放和延期发放额度比例为40%∶60%。当期发放部分当期兑现，延期发放部分建立奖金池来进行以后年度收入的"以丰补歉"。

17.4　中长期激励管理的模式——全面介绍因企而用

中长期激励主要包括股权型激励、现金型激励，以及兼具股权型激励和现金型激励两者特色的混合型激励。现金型激励相对于股权型激励和混合型激励对资本市场杠杆的利用较弱。

中长期激励的总体趋势：

（1）股票期权的重要性下降——期权的会计优势不再，股价的波动性影响期权实际激励效果。

（2）限制性股票的使用迅速增长——激励收益较稳定，股本的稀释较低，在实践中使用率趋于稳定。

（3）基于业绩的激励工具成为未来趋势——金融危机之后，为关注企业风险控制和企业真实价值的提升，更多激励计划与公司的实体业绩目标挂钩。

（4）复合工具被广泛使用——股票期权和限制性股票的混合计划采用比例最高。

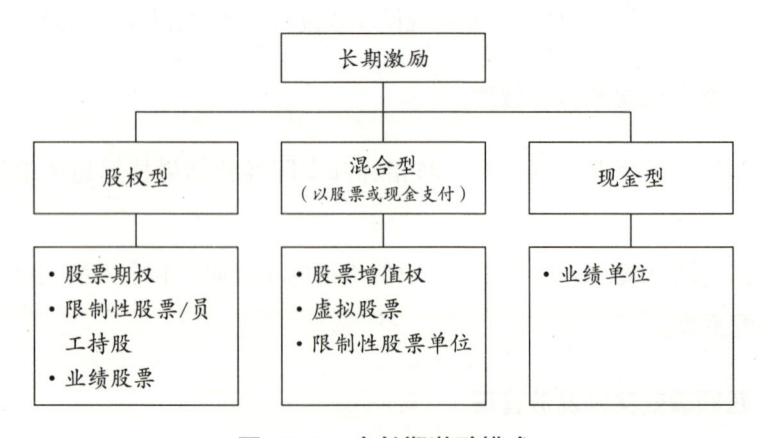

图17-1　中长期激励模式

17.4.1 三种激励计划介绍

1. 股权型激励计划

股权型激励计划能充分利用资本市场的杠杆作用,创造与企业付出完全不对等的收益和回报。其主要包括股票期权、限制性股票和业绩股票3种模式。

（1）股票期权

股票期权指企业授予激励对象在未来一定期限内以预先约定的价格（即行权价格）和条件购买企业一定数量股票的权利,具体操作示意图可见图17-2。通常行权价格为授予时二级市场的公平市价,仅当股价上涨时方有收益。其适用于初始资本投入较少、资本增值较快、在资本增值过程中人力资本增值效果明显的企业,如创业初期的高科技企业。通常用于高管和企业核心人员。

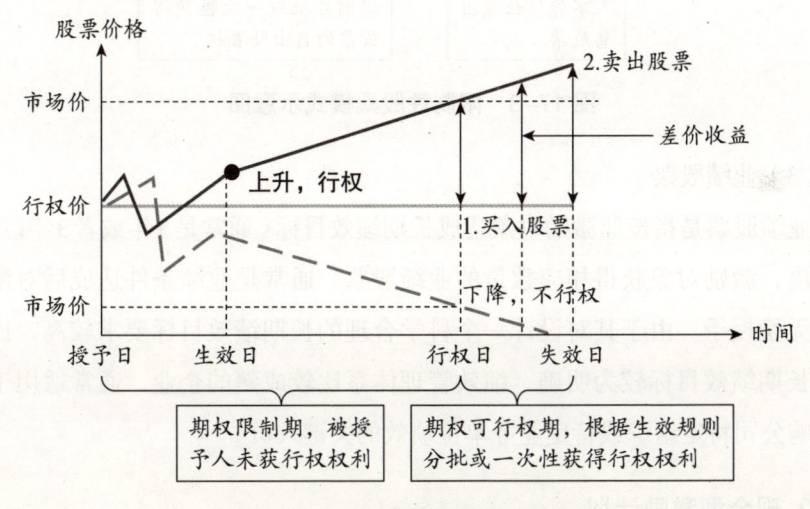

图 17-2 股票期权模式示意图

（2）限制性股票

限制性股票是指企业按照预先确定的条件授予激励对象一定数量的企业股票,只有工作年限或业绩目标符合股权激励计划规定条件的激励对象,才可出售限制性股票并从中获益。激励对象在限制时期可收到股息并享有除转让权以外的股东权利。海外通常无偿授予员工，中国对员工的授予价格以50%—100%市价为主，具体操作示意图可见图17-3。限制性股票计划适合成长及业绩比较稳定、股价市场波动不大、现金流比较充足且具有分红偏好的企业。通常适用于市场上较为稀缺、人才竞争激烈的人员，如高管、研发人员等，或公司需重点留用的人员。

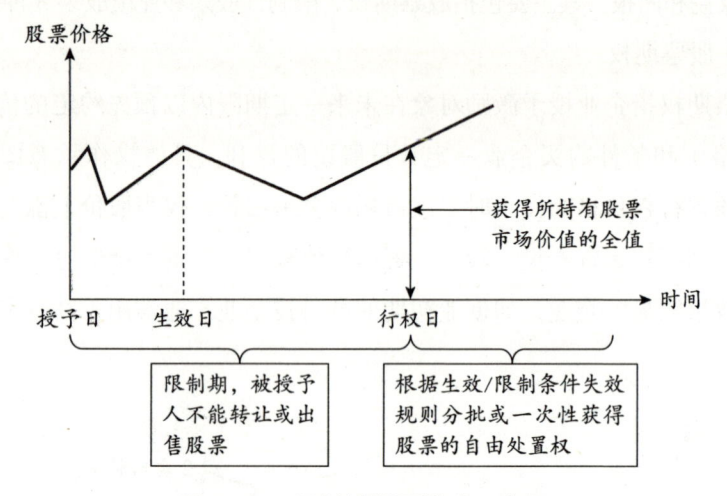

图17-3 限制性股票模式示意图

（3）业绩股票

业绩股票是指按照激励对象达成长期绩效目标（通常是3年或者3年以上）的程度，激励对象获得相应数量的业绩股票。通常是业绩条件达成后对激励对象无偿授予。由于其对设计一个科学合理的长期绩效目标要求较高，比较适合长期绩效目标较为明确、绩效管理体系比较成熟的企业，通常适用于能够影响公司特定组织或特定业务单位绩效的关键人员。

2. 现金型激励计划

现金型激励计划主要是使用企业自有资金，对激励对象进行奖励，几乎不使用资本市场的杠杆作用。

（1）业绩单位

按照激励对象达成长期绩效目标（通常是3年或者3年以上）的程度，激励对象获得相应数量的业绩单位，适合长期绩效目标较为明确、绩效管理体系比较成熟的企业。一般而言，对企业现金支付能力要求较高。其模式与股权型激励计划中的业绩股票模式基本一致，区别主要在于受益员工获授的标的不一样，业绩单位获得现金，而业绩股票最终获得的是股票。实施业绩单位长期激励模式的企业员工获授现金的数额与股市并不相关，而只是与业绩完成情况有关。

（2）其他长期现金计划

其他长期现金计划即根据企业当年业绩完成情况提取奖金，并延期支付（可在延期支付期间增加绩效条件）；或根据企业多年业绩总体完成情况提取奖金，其本质是一种奖金延期支付计划。这更适合于那些对动用真实股权有较大难度、现金流也较为充沛的企业。以下是某企业设置三年绩效目标奖励的案例。

案例17.1：某企业设置三年绩效目标奖励

某企业以3年为绩效周期，各业务高管代表业务团队管理层与企业签订3年绩效合约，根据企业业务战略锁定3年经营业绩总目标，达成目标则按照相应规则进行激励。3年绩效合约到期，累计完成超出目标，超额部分按照利润超额提成奖励。

该企业三年目标奖励分为两部分，一部分是以3年锁定目标为目标，根据时间进度目标完成情况核算发放的目标完成奖；另一部分是以3年累计目标为目标，绩效合约期满根据利润超额部分提成兑现的超额利润奖。

①目标完成奖

根据锁定3年经营业绩目标，达成目标则按照相应规则进行激励。表17-5是某企业设计的目标完成奖。

表17-5 该企业目标完成奖设计

要素	内容
兑现人员	企业高管，兑现奖金包的30%—40%部分用于激励正职
指标设计	市场占有率与利润导向型绩效指标为责任利润、市场占有率；利润导向型业务绩效指标为责任利润

续表

要素	内容
激励目标设计	N+1年、N+2年目标采用3年增量目标的时间进度目标，N+3年目标为3年锁定目标
提取规则	在锁定3年期内，根据绩效指标完成情况，按规则提取奖金 N+1年、N+2年绩效指标均完成年度激励目标提取奖金包的30% N+3年绩效指标均完成3年锁定目标，提取奖金包的40%，完成累计目标合计提取奖金包的100% 若单项指标完成年度目标，另一个指标设定下限，予以部分兑现

②超额利润奖

为引导业务高管关注业务价值增长，创造更高利润，设立超额利润奖。3年绩效合约到期，累计完成超出N+3年累计目标，超额部分按照利润超额提成提取。

表17-6　该企业超额利润奖设计

要素	内容
兑现人员	企业高管
指标设计	市场占有率与利润导向型绩效指标为责任利润
利润超额提成提取	3年绩效合约期满，完成绩效指标的三年累计目标且有超额部分，按利润超额部分的20%提取激励基金

3.混合型激励计划

混合型激励计划是介于股权型激励计划和现金型激励计划之间的一种长期激励模式，主要包括股票增值权、虚拟股票和限制性股票单位等。

（1）股票增值权

股票增值权是指向激励对象授予获得一定时期内一定数量企业股票市场价值增长的权利，被授予股票增值权的激励对象可获得增值权在发放日至行权日增值部分的价值。股票增值权是以现金方式实现的虚拟的股票期权，具体操作示意图可见图17-4。其适合现金流比较充裕且具有较大成长空间的企业，方便跨境企业在不同国度的法律环境下实施跟踪上市企业股价的长期激励。

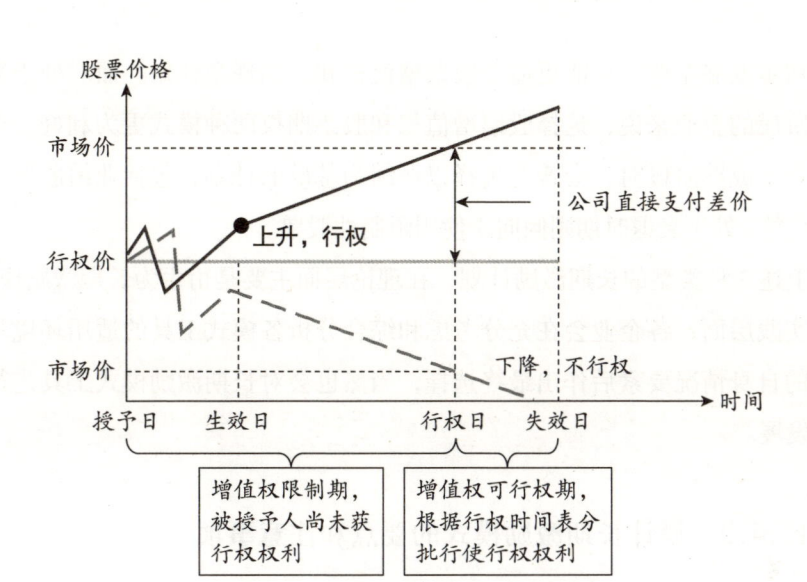

图 17-4 股票增值权模式示意图

（2）虚拟股票

虚拟股票是指企业向激励对象授予的与企业真实股权对应（虚拟股票）单位，激励对象可以在一定时期以后获得与其对应的真实股权的全部价值或增值部分价值，并可根据计划设计享有分红收益，但没有实际所有权和表决权，也不能转让和出售，且在离开企业时自动失效。通常是既定条件达成后对激励对象无偿授予，少数企业要求个人出资，具体操作示意图可见图 17-5。

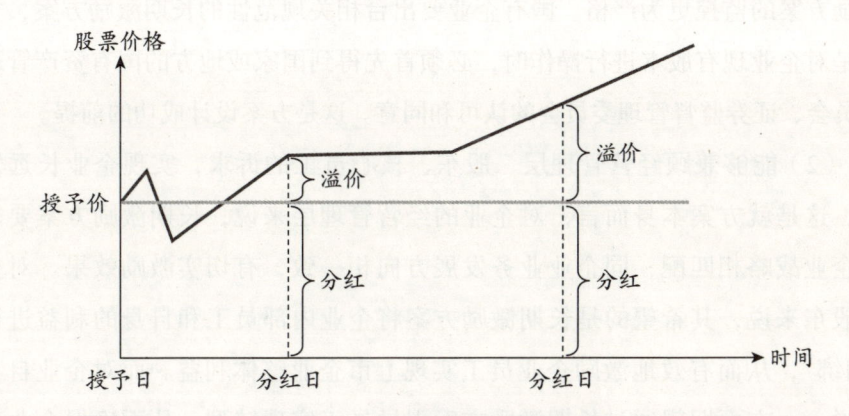

图 17-5 虚拟股票模式示意图

企业在选择长期激励模式工具后，也会充分考虑自身所处的生命周期，对于初步发展企业，可能更适合股票增值权和长期现金计划。而对处于高速发展阶段的企业来说，选择股票增值权和股票期权两种模式更为利好。企业发展处于成熟阶段时，会普遍选择以业绩为基础的计划，包括业绩股票、业绩单位等；处于衰退时期则倾向于使用限制性股票。

上述3种类型的长期激励计划，在理论层面主要是衍生为长期激励模式，但在实践层面，各企业会在充分考虑和综合分析各模式工具的适用环境和本企业的自身情况要素后作出最终选择，当然也会对长期激励模式工具进行创新性发展。

17.4.2　设计长期激励模式的要点和注意事项

越来越多的企业将长期激励作为薪酬的重要组成部分。

一个长期激励方案要获得成功，既不是简单地完成相关审批、落地实施就行，也不是设计得如何巧妙、已通盘考虑所有相关组织和人员的利益即可。要设计一个成功的长期激励模式，其关键要素在于以下几方面：

（1）能够顺利得到审批，完成落地实施。正如前文所述，长期激励作为一项影响较为深远、规范操作性要求较高的激励措施，受到国家法律法规的监控。尤其对国有企业来说，出于避免国有资产流失的目的，国家对其长期激励方案的监控更为严格。国有企业要出台相关规范性的长期激励方案，尤其是对企业现有股本进行操作时，必须首先得到国家或地方的国有资产管理委员会、证券监督管理委员会的认可和同意。这是方案设计成功的前提。

（2）能够兼顾经营管理层、股东、核心员工的诉求，实现企业长远发展。这是就方案本身而言，对企业的经营管理层来说，长期激励方案要能与企业战略相匹配，同企业业务发展方向相一致，有切实激励效果。对企业股东来说，其希望的是长期激励方案将企业内部员工和自身的利益进行"捆绑"，从而有效地激励企业员工实现上市企业整体利益。而对企业自身来说，一方面期望通过长期激励方案引导员工实现转型，从而确保企业整体的转型；另一方面则期望方案的实施能最大限度地减少短期内成本和现金流的压力。

（3）激励效果好。从长期激励方案实施的市场实践来看，部分与股东利益捆绑较为密切的长期激励工具，如股票期权等，对股票市场价格的波动异常敏感，股票市场的价格直接影响这些工具实施的最终激励效果。如果二级市场的表现不尽如人意，那么长期激励工具就会变为一纸空文，无任何激励性而言。

综合考虑后，要从下面4个方面对可选方案进行评价，并作出最后选择：一是审批是否简单易行，二是对企业的成本和现金流影响是否较小，三是是否有利于企业和员工的战略转型，四是与团队的利益捆绑是否紧密。

17.5 高管人员激励保障措施——构建激励保障生态

在设计好高管人员的薪酬激励模式后，要制定约束机制及绩效考核机制，以保障激励的合理合法性。所谓约束机制，是指公司的利益相关者针对高层管理者的经营结果、行为和决策所进行的一系列客观而及时的审核、监察和督导行为。

17.5.1 公司内部约束机制

1. 组织制度约束

组织制度约束是公司内部约束机制的核心，组织制度监督约束有效的关键是董事会真正代表股东的利益，监事会具备检查公司财务的权力和能力。

2. 管理制度约束

科学的管理制度，尤其是严格规范的财务制度是经常性的、事前的约束，是有效防止高层管理者挥霍公款、过度在职消费等的重要制度保证，也是组织制度约束的基础。

17.5.2　公司外部约束机制

1. 市场约束

高管人员的行为要受到来自商品市场、股票市场和经理市场三个方面的约束。高管市场的优胜劣汰机制、以成败论英雄的市场环境形成对高层管理者的硬约束。

2. 法律法规约束

市场经济是法制经济，完备的法律体系是市场经济正常运行的保证。从强度上来说，法律法规是最有力的约束，也是其他约束机制生效的最终保证。

17.5.3　高管人员绩效考核

高管人员最难确定的还是薪酬这部分激励，如果用考核来确定，如何设计考核指标体系？是以内部业绩指标为基础来设计，还是以市场表现资本市场为基础来设计？建议采取混合设计，即短期激励考核指标用内部业绩为基础，长期激励可考虑以市场表现为基础的考核指标，具体如表17-7所示。

表 17-7　长期激励绩效考核指标

以内部业绩指标为基础的考核指标	
• 营业收入	• 总资产回报率
• 营业收入增长率	• 净资产回报率
• 风险调整后的营业收入	• 经济增加值
• 利润额	• 风险调整后资本回报率
• 利润增长率	• 每股净资产
• 资产保值升值率	• 成本费用率
以市场表现为基础的考核指标	
• 总体股东回报	
• 每股收益	
• 股票市场价格	

图书在版编目 (CIP) 数据

上承战略　下接激励：薪酬管理系统解决方案 / 潘平著.
—北京：中国法制出版社，2018.12
（HR 从助理到总监系列丛书）
ISBN 978-7-5093-9726-8

Ⅰ.①上… Ⅱ.①潘… Ⅲ.①企业管理－工资管理
Ⅳ.① F272.923

中国版本图书馆 CIP 数据核字（2018）第 205003 号

策划编辑：潘孝莉

责任编辑：马春芳（machunfang@zgfzs.com）　　　　　封面设计：一本好书书籍设计

上承战略　下接激励：薪酬管理系统解决方案
SHANGCHENGZHANLÜE XIAJIEJILI: XINCHOU GUANLI XITONG JIEJUE FANG'AN

著者 / 潘　平
经销 / 新华书店
印刷 / 三河市紫恒印装有限公司
开本 / 730×1030 毫米　16　　　　　　　　　　　印张 / 17.5　字数 / 275 千
版次 / 2018 年 12 月第 1 版　　　　　　　　　　2018 年 12 月第 1 次印刷

中国法制出版社出版
书号 ISBN 978-7-5093-9726-8　　　　　　　　　　　　　　定价：59.00 元

北京西单横二条 2 号　邮政编码 100031　　　　　　　　传真：010-66031119
网址：http://www.zgfzs.com　　　　　　　　　　　　　编辑部电话：010-66010406
市场营销部电话：010-66033296　　　　　　　　　　　邮购部电话：010-66033288

01 老HRD 手把手系列丛书

《老HRD 手把手教你做招聘》
书号：978-7-5093-6528-1
定价：58.00 元

《老HRD 手把手教你做员工管理》
书号：978-7-5093-6655-4
定价：56.00 元

《资深律师手把手教你搞定劳动争议：人力资源法律风险防范案头工具全书（第二版）》
书号：978-7-5093-9340-6
定价：58.00 元

《老HRD 手把手教你做人力资源管理》
书号：978-7-5093-6657-8
定价：66.00 元

《老HRD 手把手教你做薪酬》
书号：978-7-5093-6530-4
定价：58.00 元

《老HRD 手把手教你做培训》
书号：978-7-5093-6659-2
定价：59.00 元

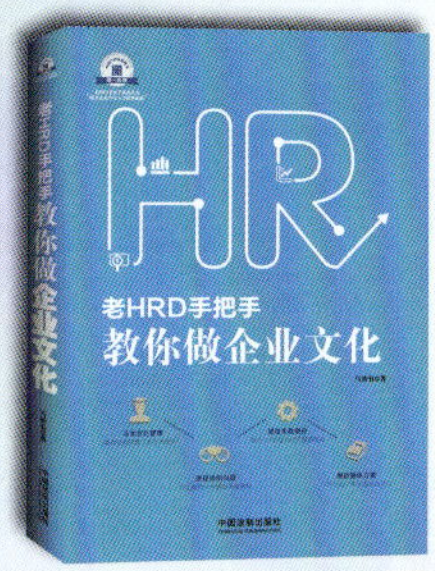

《老HRD 手把手教你做企业文化》
书号：978-7-5093-6529-8
定价：52.00 元

《老HRD 手把手教你做任职资格管理》
书号：978-7-5093-6658-5
定价：49.00 元

《老HRD 手把手教你做绩效考核》
书号：978-7-5093-6710-0
定价：58.00 元

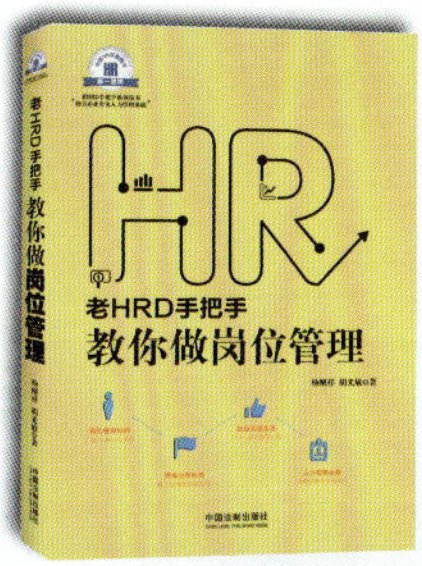

《老HRD 手把手教你做岗位管理》
书号：978-7-5093-6650-9
定价：48.00 元

02 名企 HR 最佳管理实践系列丛书

《名企人才招聘最佳管理实践》
书号：978-7-5093-7952-3
定价：69.00 元

《名企绩效考核最佳管理实践》
书号：978-7-5093-9240-9
定价：59.00 元

《名企人力资源最佳管理实践》
书号：978-7-5093-7954-7
定价：69.00 元

《名企员工关系最佳管理实践》
书号：978-7-5093-7953-0
定价：66.00 元

《名企员工培训最佳管理实践》
书号：978-7-5093-8172-4
定价：66.00 元

《名企人力资源管控最佳管理实践》
书号：978-7-5093-8107-6
定价：59.00 元

03 HR 从助理到总监系列丛书

《HR 绩效管理从助理到总监》
书号：978-7-5093-9647-6
定价：69.00 元

《上承战略 下接激励——薪酬管理系统解决方案》
书号：978-7-5093-9726-8
定价：59.00 元

《HR 员工培训从助理到总监》
书号：978-7-5093-9615-5
定价：59.00 元

《HR 人力资源管理从助理到总监》
书号：978-7-5093-9926-2
定价：59.00 元

04 名企 HR 经典管理案例系列丛书

《HR 员工激励经典管理案例》
书号：978-7-5093-9490-8
定价：49.00 元

《HR 劳动争议经典管理案例》
书号：978-7-5093-9632-2
定价：59.00 元

《HR 员工招聘经典管理案例》
书号：978-7-5093-9570-7
定价：59.00 元

《HR 企业文化经典管理案例》
书号：978-7-5093-9628-5
定价：59.00 元

05 HR 管理整体解决方案丛书

《HR 薪酬管理整体解决方案：共享价值分配新规则》
书号：978-7-5093-9379-6
定价：59.00 元

《HR 员工激励整体解决方案：让员工自发自主去工作》
书号：978-7-5093-9299-7
定价：59.00 元

《HR 人力资源实战整体解决方案：精彩案例全复盘》
书号：978-7-5093-6211-2
定价：59.00 元

06 其他

《企业人力资源管理全程实务操作（第三版）》
书号：978-7-5093-9793-0
定价：69.00 元

《绩效考核与薪酬激励整体解决方案（第三版）》
书号：978-7-5093-9787-9
定价：69.00 元

《深度绩效奖励全案》
书号：978-7-5093-9296-6
定价：49.00 元

《重新定义培训：让培训体系与人才战略共舞》
书号：978-7-5093-9753-4
定价：59.00 元

《HR 同行之旅》
书号：978-7-5093-9755-8
定价：39.80 元

《名企核心人才培养管理笔记》
书号：978-7-5093-8316-2
定价：59.00 元

《HR 劳动争议案例精选与实务操作指引》
书号：978-7-5093-9298-0
定价：59.00 元

《企业人力成本控制整体解决方案》
书号：978-7-5093-6553-3
定价：58.00 元

《要想做好 HR 你要有两把刷子》
书号：978-7-5093-6571-7
定价：66.00 元

《人力资源就该这么管》
书号：978-7-5093-8300-1
定价：59.00 元